어떤 계절의 농담

어떤 계절의 농담

담도암 4기, 시한부 6개월을 완치로 바꾼 기적의 시간들

박주혜 지음

추천의 글

희망의 첫걸음이 되어주기를 ✻

 일생을 최선을 다해 살아왔건만 어느 날 내려진 췌장암이라는 진단은 헌신했던 자신의 삶에 암보다 더 무거운 실망과 절망감을 가져다줍니다. 이 책에는 작가가 췌장암 진단을 처음 마주한 순간부터 그 무거운 짐의 끝이 보이지 않던 긴 터널을 지나, 마침내 '완전 관해'라는 기적의 문턱에 이르기까지 희망의 불꽃을 지키려 했던 치열하고도 섬세한 여정이 고스란히 담겨 있습니다.

 암은 분명 두렵고 고통스러운 여정일 수 있습니다. 하지만 그 여정의 끝에는 작가가 경험했던 '기적'이라는 이름의 문이 기다리고 있을지도 모릅니다. 그리고 그 문은 누군가의 의지와 믿음, 일상을 향한 감사가 모였을 때 조금씩 열리기 시작합니다. 박주혜 작가의 글은 그 문을 향한 등불과도 같아 보였습니다.

그리고 그 기적은 완전 관해의 모습으로 다가오지 않더라도, 암 치료의 과정 속에서 일상의 생활이었다면 평생 통찰하지 못했을 사랑하는 사람들에 대한 간절함, 나를 위해 기도해주는 사람들과 일상의 축복에 대한 감사에 대한 깨달음을 통하여 삶의 마지막 순간까지 용기 있고 아름답고 당당하게 살아갈 수 있는 모습으로 다가올 것이라 생각합니다. 진정 '암을 이긴' 사람들의 모습으로 말입니다.

당신에게도 기적은 분명히 올 것입니다. 이 책이 희망의 첫걸음이 되어주기를 진심으로 바랍니다.

모든 암 환자 여러분, 힘내세요!

연세대학교 세브란스병원 간담췌외과 교수 · 강창무

한 걸음씩 내딛는 기적 같은 여정을 담아 ✽

 암 환우분들과 대부분의 시간을 보내는 저에게, 두려움으로 점철되기 쉬운 처절하고도 외로운 병마의 시간을 지나온 한 사람의 목소리가 이토록 섬세하고도 따뜻할 수 있다는 사실은 참으로 깊은 울림으로 다가왔습니다.

 이 에세이는 단순한 투병기가 아닙니다. 악명 높은 암이라는 절망적인 현실 앞에서도 인간다움을 지켜내려는 치열한 의지, 무너지는 순간에도 삶을 붙잡는 용기, 잃어버렸던 소중한 일상을 되찾아 한 걸음씩 내딛는 기적 같은 여정을 고스란히 담고 있습니다. 한 줄 한 줄에 깃든 생생하고 진심 어린 문장들은 독자의 마음 깊은 곳을 울리며, 지금 이 순간에도 병마와 싸우고 있는 수많은 이들에게 실질적인 위로와 희망, 그리고 삶을 바라보는 새로운 시선을 전해줄 것입니다.

　병원이라는 공간에서 수많은 환자와 그 가족들을 만나며 저는 '암'이라는 단어가 단지 의학적 진단을 넘어서, 삶의 방식과 관계의 방향까지도 근본적으로 바꾸어놓는다는 사실을 실감합니다. 박주혜 작가의 글은 그러한 변화 속에서도 삶의 주도권을 어떻게 다시 '내 것'으로 회복해낼 수 있는지를 보여주는 생생한 증언입니다. 박주혜 작가의 목소리를 통해 우리는 고통 앞에서도 존엄과 행복, 그리고 사랑을 지켜낼 수 있다는 귀중한 깨달음을 얻게 됩니다.

　이 책은 암 환우들뿐만 아니라, 그 곁을 묵묵히 지키는 가족들, 그리고 인생의 고난 앞에서 길을 잃고 있는 모든 이들에게 깊이 권하고 싶은 책입니다. 한 사람의 치열했던 삶의 진솔한 기록이 또 다른 누군가의 삶을 일으킬 수 있는 아름다운 원동력이 되리라 확신합니다.

　박주혜 작가의 회복을 진심으로 축하하며, 이 기적 같은 인생 이야기가 더 많은 이들에게 닿아 위로와 희망이 되기를 진심으로 소망합니다.

엠에스병원 병원장 · 최성훈

'다시 살아갈 수 있는 용기'를 건네주기를　　　　＊

　암 환우 모두가 기적을 꿈꿉니다. 완치가 아니어도 괜찮습니다. 다시 일상을 살아갈 수 있는 작은 기적, 아침에 눈을 뜨고 밥을 먹고 사람들과 웃으며 하루를 감각할 수 있는 바로 그 기적 말입니다.

　박주혜 작가의 글은 단순한 생존의 기록을 넘어섭니다. 췌장암 4기라는 절망적인 진단 앞에서도 그녀는 어둠 속에서 꺼지지 않는 작은 빛을 발견해냈고, 그 빛으로 다시 삶을 채워나갔습니다. "빛 조절이 가능한 파노라마 스탠드처럼" 하루하루 어둠 속에서 한 칸씩 불을 밝혀나가듯, 그녀는 무너진 일상 속에서도 자신만의 감각을 되찾아갑니다.

　죽음을 외면하는 대신 곁에 두고, 매 순간을 더욱 선명하게 살아내려는 의지는 이 책 전체에 깊은 울림으로 흐릅니다.

암이라는 단어는 여전히 많은 사람에게 두렵고 무거운 언어입니다. 하지만 박주혜 작가는 그것을 일상의 언어, 관계의 언어, 감각의 언어로 다시 써 내려갑니다.

저는 이 책을 단순한 투병기가 아닌 '희망이 어떻게 기적이 되는가'에 대한 살아 있는 증언으로 읽었습니다. 감각을 되찾는다는 것은 고통을 지우는 것이 아니라, 고통을 품고 나 자신을 설득해가는 과정이라는 걸 이 책은 조용히 보여줍니다.

"나는 죽어가는 것이 아니라, 살아갈 것이기 때문에."

이 문장에서 저는 박주혜 작가가 독자에게 전하고자 하는 가장 강력한 메시지를 읽었습니다.

아미북스 사회적협동조합 이사장으로서, 그리고 수많은 사람들의 삶을 디자인하며 희망을 마주해온 한 사람으로서 저는 이 책이 더 많은 독자들에게 '다시 살아갈 수 있는 용기'를 건네주기를 진심으로 바랍니다.

아미북스 사회적협동조합 이사장 · 조진희

프롤로그   ✱

2024년 7월 9일.

지속되던 복통 때문에 MRI 검사를 받고, 결과를 들으러 간 진료실에서 저는 췌장암 4기(최종 진단은 담도암 4기) 진단을 받았습니다. 당일 아침만 해도 병원에 들렀다 출근하려고 했던 너무나 평범한 일상이었는데, 그 한가운데에 핵폭탄이 떨어진 것이지요.

이후 저는 생애 한 번도 보지 못했던 완벽한 어둠과 마주했습니다. 그 어둠 속은 낯섦과 두려움과 절망과 허무와 죽음으로 가득 차 있었습니다. 그럼에도 저는 제게 주어진 작은 빛이라도 찾기 위해 어둠 속을 허우적거렸고, 그렇게 7단계의 빛 조절이 가능한 파노라마 스탠드처럼 불빛의 세기를 한 단계씩

밝혀나갈 수 있었습니다.

모든 것이 멈출 줄만 알았던 어둠 속에서도 일상은 계속되었습니다. 언제, 어느 순간에 제게 죽음이 찾아올지 모른다는 생각이 지배적이었지만 그래도 일상을 예전 그대로 유지하기 위해 노력했습니다.

저는 죽는 순간까지 삶의 주인으로 살고 싶었습니다. 제게 남은 삶의 시간이 얼마만큼일지는 알 수 없으나, 그 시간을 모두 암에게 내어주고 싶지는 않았습니다. 하지만 이런 제 의지로는 닿을 수 없는, 제게는 허락되지 않는 일상의 영역들을 감각할 때 저는 때때로 무너지곤 했습니다.

암 진단을 받고 몇 개월 후, 이제는 항암 치료에도 어느 정도 적응이 되어가던 어느 날이었습니다. 친구들과의 만남에서 손톱 이야기가 나왔습니다.

"이제는 손톱을 안 하면 너무 허전하다니까. 이번에 새로 생긴 거기 잘한다더라."

친구들의 손톱에 곱게 얹어 있는 젤 네일이 보였습니다. 그리고 손끝 살이 보일 정도로 바짝 깎인 제 건조한 손톱이 눈에 들어왔습니다. 암 환자들은 어떤 이슈가 생기고, 언제 수술대 위에 오르게 될지 모르기 때문에 손톱에 매니큐어를 바를 수 없습니다. 제 손톱 위에는 이미 암의 그림자가 뒤덮여 있기에 예쁜 색상의 매니큐어가 오를 자리는 없었던 것이지요.

친구들은 몰랐을 겁니다. 웃으면서 이야기를 듣고 있었지만, 제 마음속에서는 제게 허락되지 않은 또 하나의 일상을 눈앞에서 확인하며 새로운 절망의 웅덩이가 하나 더 만들어지고 있었음을.

8개월에 걸쳐 10차 항암을 끝내고 암 크기가 많이 줄어 췌십이지장 수술을 할 수 있었고, 수술 후 교수님의 입을 통해 '완전 관해'라는 말을 들었습니다. 함께 있던 다른 교수님들과 간호사들이 축하한다는 말을 전하는 와중에도 너무 얼떨떨해서 그 단어가 갖는 의미를 쉽게 받아들이지 못했습니다.

1, 2기 환자도 아니고 4기 환자가 항암 치료만으로 완전 관해된 사례는 처음이라고 말씀하시는 것으로 보아 제가 정말 확률로도 따질 수 없는 진정한 기적 속에 있음을 확인할 수 있었습니다.

수술 이후 한 달 반이 흘렀고, 믿을 수 없는 소식은 제 삶을 조금씩 조금씩 바꿔놓으며 때때로 밀려오는 벅찬 감동과 행복으로 기적을 야금야금 맛보게 합니다.

오늘은 손톱을 깎았습니다. 수술 이후 저는 한 번도 손톱을 깎지 않았었거든요. 며칠 전에는 제법 길어 나온 손톱을 예쁘게 다듬고 그 위에 고운 매니큐어도 발랐습니다. 한참 매니큐어가 칠해진 손톱을 쳐다보며 제게 허락된 감사한 일상의 행복감을 만끽했습니다.

하지만 키보드를 두드리는데 긴 손톱 끝이 자꾸 자판에 걸리적거리더군요. 애써 기른, 마음에 쏙 드는 손톱과 키보드를 번갈아 보고 있다가 과감하게 손톱깎이를 집어 들었습니다. 제게 새로이 펼쳐진 미래는 '손톱'이 아니라, 언제라도 무언가를 할 수 있음을 선택할 수 있는 '자유'였습니다. 손톱은 언제든지 다시 기르면 되고 제게는 '다음'이라는 선택의 영역이 주어진 것입니다.

"죽음이 존재하지 않는 듯이 사는 것이나, 금방 죽을 것 같은 기분으로 사는 것은 어쩌면 똑같은 것이다."

니코스 카잔차키스의 《그리스인 조르바》열린책들, 2019년에 나오는 문장입니다. 당연히 열려 있을 것이라 믿었던 문이 굳게 닫혀버렸다가 또다시 열린 후에야 저는 이 문장의 의미를 완벽하게 이해할 수 있었습니다.

암 진단 이후 바로 곁에 다가와 있는 죽음을 애써 외면하고 밀어냈습니다. 그리고 죽음은 존재하지 않는 듯 오늘 제게 주어진 또 하루의 평범한 시간, 사랑하는 이들과 함께할 수 있는 시간을 온전히 즐기기 위해 노력했습니다. 완치라는 기적의 말을 듣고 난 후에는 그 죽음을 바로 곁에 두고 늘 상기하면서 일상의 즐거움과 축복을 좀 더 선명하게 감각하려 하고 있습니다.

삶과 죽음은 우리가 관할할 수 있는 영역이 아닙니다. 하지만 종착지인 죽음을 맞이하기 직전까지의 삶은 '나의 영역'입니다. 죽음의 문턱에서 절망과 두려움의 어둠 속으로 빨려 들어갈 것인가, 작은 빛이라도 찾아내 더 큰 빛으로 만들어낼 것인가는 오직 나만이 결정할 수 있습니다.

이 책에는 암 진단 직후부터 오늘에 이르기까지 운명과 줄다리기하듯 밀고 당기며 마음 졸이던 시간부터, 길고 긴 터널을 지나 작은 빛을 발견하고 살아 있는 한순간이라도 진짜 제 삶을 살기 위해 분투했던 시간이 담겨 있습니다.

그리고 기적이라고밖에 표현할 수 없는 '완치'라는 이야기를 들은 후 제가 남들과 달랐던 것이 무엇이었을까를 고민하며 깨달은 것들도 함께 들어 있습니다. 독자들 중 투병 생활을 하고 있는 분이 계시다면 도움이 될 수 있기를 바랍니다.

저는 이 책을 '희망'이라고 부르고 싶습니다. 삶은 축복이 맞습니다. 당신이 조금 더 축복을 즐길 수 있기를 바랍니다.

그리고 저는 이제 희망 끝에 기적이 있다고 확신할 수 있게 되었습니다. 환우들, 환우의 가족들과 지인들, 그리고 삶에서 작은 희망이라도 찾기를 바라는 분들뿐 아니라 이 책을 읽는 당신에게도 희망이 가져다주는 기적과 마주할 시간이 올 것이라 믿습니다.

천천히, 그러나 반드시요.

차례

추천의 글 006

프롤로그 012

1장 · 여름에는

췌장암입니다	025
희망과 절망 사이	033
암밍아웃	038
일상 감각 되살리기	046
엄마의 기도	052
항암 치료가 그렇게 두려운 건가요 1	058
항암 치료가 그렇게 두려운 건가요 2	064
제스프리 키위 빡빡이	072

2장 · 가을에는

악몽의 5회 차 항암 일지	081
김장하는 마음	088
오늘의 기적	095
선물에 담긴 진심	100
더 열망하기	107
아들의 생일	115
곤돌라 운행이 중단되었습니다	120
몽쉘통통	127
나를 살게 하는 말	141
버킷 리스트	147
광안대교	154

3장 · 겨울에는

제철 행복	163
된장독 안에는	168
다시 피어나기	174
성격이 팔자다	180
장례희망	190
기적에 대하여 1	194
기적에 대하여 2	200
암이 내게 준 것	207
명의	213

4장 · 그리고 다시, 봄에는

당신에게 들려주고 싶은 이야기 - 정리정돈　　　　　225

당신에게 들려주고 싶은 이야기 - 새옹지마　　　　　232

당신에게 들려주고 싶은 이야기 - 짐 나누기　　　　　236

당신에게 들려주고 싶은 이야기 - 알약병정　　　　　244

당신에게 들려주고 싶은 이야기 - 멘털관리　　　　　250

당신에게 들려주고 싶은 이야기 - 과잉 정보　　　　　257

당신에게 들려주고 싶은 이야기 - 주홍글씨　　　　　266

당신에게 들려주고 싶은 이야기 - 책과 함께　　　　　274

에필로그　　　　　282

*

1장 · 여름에는

췌장암입니다

2024년 7월 9일 화요일, 천둥을 동반한 비.

"결혼은 하셨어요?"

"애가 셋인데요. 그게 검사 결과랑 상관이 있나요?"

"… 자세한 건 조직 검사를 해봐야 알겠지만, 현재로서는 췌장암으로 보입니다."

"네? 암이라고요? 췌장암이요?"

이후 내가 진료실에서 무슨 생각을 했고, 무슨 말을 했는지는 정확히 기억나지 않는다. 라디오에서 나와 상관없는 누군가의 사연을 듣는 것처럼, 책에서 어떤 문장들을 읽는 것처럼, 그날의 공기와 의사 선생님의 입에서 흘러나오는 말에서는 현실 감각이 전혀 느껴지지 않았다. 하지만 얼떨떨한 나보다 눈물샘이 먼저 믿기지 않는 현실을 자각했는지, 하염없이 눈물이 흐르기 시작했다.

가장 먼저 든 생각은 이것이었다. '잠깐, 진료 결과 듣고 바로 출근하기로 한 학원을 가야 하나, 말아야 하나. 암 환자도 일을 해야 하나? 그나저나 오전 일찍이라 진료실에 대기가 길던데 나 혼자 의사 선생님을 이렇게 오래 잡고 있어도 되나? 이제 그만 설명하셔도 된다고 하고 나갈까.' 나는 그때도 내 안위보다는 내가 해야 할 일들에 대한 책임감, 다른 이들에 대한 배려가 먼저였다.

내일 당장 입원해서 조직 검사부터 하자는 말에도 학원 걱정이 가장 먼저 들었다. 남에게 폐 끼치는 것을 기질적으로 싫어하는 나는 내 의지와는 상관없이 모두에게 도움을 받아야 하는 민폐 캐릭터가 되어버렸다. 그리고 내 삶 역시 이제는 통제 밖의 일이라는 사실이 어렴풋이 느껴지며 서글픔이 밀려왔다.

진료실을 나와 병원 로비를 지나면서 비로소 아주 조금 현실감이 느껴졌다. 먼저 언니에게 전화를 걸었다.

전화기 너머로 들려오는 비명 소리. 울먹이며 학원은 아무 걱정 말라는 언니의 말에 당장의 걱정을 한시름 내려놓고 남편에게 전화를 걸어야겠다고 생각했다. 그래, 그랬던 것 같다.

로비 의자에 앉아야 하는지 서야 하는지, 주차장으로 가서 차에 앉아 남편이 올 때까지 기다려야 하는지, 나는 이제 어떻게 해야 하는지 머릿속에 온갖 생각이 뒤엉켰다. 멍한 상태로 이 작은 결정조차 당장 내리지 못한 채 어찌 할 바를 모르고 서성였다. 그러다가 답답해져 오는 가슴에 시원한 공기라도 주입하고 싶어서 병원 문을 열고 밖으로 나갔다.

입구를 통과하니 벤치가 보였다. 일단 보이는 벤치에 앉았다. 30도를 웃도는 습한 날씨에 갑자기 천둥을 동반한 억수 같은 비가 쏟아지고 있었다. 지금 내 마음과 똑같은 날씨였다. 공기는 실내보다 더 답답했지만 습도도 더위도 느껴지지 않았다.

입원 수속을 해야 했지만, 방금 췌장암 판정을 받은 사람에게 그렇게 이성적인 행위를 무심하게 지시하는 병원 사람들이 순간 원망스러웠다. 입원 수속 종이를 옆에 내려놓고 남편에게 전화를 걸었다.

"오빠, 나 췌장암이래."

"어디야? 일단 내가 그쪽으로 갈게."

전화를 끊고 나자 눈앞에 보이는 풍경이 흑백의 무성 영화처럼 무음에 무채색으로 다가왔다. 퍼붓는 빗속으로 수없이 밀려오는 택시들과 그 속에서 내리는 수많은 사람들, 건너편에 줄지어 선 약국들, 그리고 내가 앉아 있는 벤치 옆자리에 함께 앉은 아저씨.

'좋겠다, 저 연세까지 가족들과 함께 나이 들 수 있어서….'

무슨 정신으로 그 아저씨에게 말을 걸었는지 모르겠다. 평소 낯선 사람에게 말 거는 성격도 아닌데.

"아저씨, 저 췌장암이래요."

"네?"

"저 오늘 췌장암 판정 받았어요."

"아이고, 나이도 어려 보이는데 어쩌지. 애들은 없어요?"

"애가 셋이에요…."

내 의지와는 상관없이 계속해서 흘러내리는 눈물 때문에 자꾸 눈앞이 흐려졌다.

"아이고 우짜노. 그라문 서울로 가야지. 서울로…. 아이고 우짜노."

아저씨는 잠시 머뭇거리다가 주차장으로 걸어갔다.

그렇게 나는 하루아침에 암 환자가 되었다. 드라마나 책에서 참 많이 들어왔다, 암이라는 병. 입 밖으로 내뱉기만 해도 분위기가 어두워지는 그 병. 보통 드라마나 책에서 등장인물을 없애기 위해 쓰는 병. 암이라는 병 끝에는 늘 죽음이 함께한다.

언젠가 지인이 암에 걸렸다는 소식을 들었을 때 뭐라고 위로해야 할지 몰라 불편해했던 내가 떠올랐다. 그러나 오늘의 내가 바로 그 누군가가 되어 앉아 있었다. 아저씨도 불편했을 것이다. 아들이 차를 가지고 올 때까지 벤치에서 기다리겠다고 통화하는 것을 들었으니까. 나는 어떻게 위로해야 할지 몰라 피하고 싶은 불편한 사람이 되어 있었다.

홀로 앉아 있는 동안 수많은 생각이 머릿속을 스쳤다. 제일 먼저 떠오른 것은 남편과 아이들이었다. 우리 아이들, 내가 든든한 버팀목이 되어주어야 하는데 이제 어쩌나. 결혼하는 것도 못 보고. 우리 세연이, 유진이 결혼할 때 친정 엄마가 없으면 서러워서 어쩌나. 아기 낳으면 뒷바라지도 못 해줄 텐데. 나만 보면 "엄마, 우리 오늘 뭐 먹어?" 하고 물어보는 막둥이 은우는 이제 초등학생인데 앞으로 그 긴 세월을 엄마 없이 커야 하나.

스무 살에 만나 내년이면 결혼 20주년을 맞이할 동안 한결같이 사랑해준 우리 남편. 무엇이든 나와 함께해야 제일 즐겁고 행복하다는 우리 남편. 나 없이 아이 셋을 어떻게 키워나가

나. 재혼은 하라고 해야 하나. 그럼 우리 아이들은 계모 밑에서 커야 하나….

안 그래도 심장이 안 좋은 엄마에게 이 사실을 어떻게 이야기하나. 내가 그렇게 벌 받을 짓을 했나. 나름대로 착하게, 열심히 산 것 같은데 왜 하필이면 그 많은 암 중에 췌장암일까. 엄마 따라갔던 용하다는 점집에서는 왜 한 번도 내가 단명한다는 얘기를 안 했지? 100세 인생에 50세도 못 살고 가면 단명 아닌가. 역시 점쟁이는 믿을 게 못 된다.

항암 치료는 어떻게 하는 것일까. 췌장암은 발견하면 말기라는데 항암 치료가 가능하긴 한 건가? 6개월 남았으면 나는 가고 싶었던 유럽 여행도 못 가보고 죽는 건가? 6개월을 후회 없이 알차게 보내려면 이제 무엇을 어떻게 해야 하는 걸까. 지금은 가벼운 복통이지만 나는 점점 더 고통스러운 통증을 겪게 되나. 항암 치료의 고통은 생각하고 싶지도 않은데.

지금 내 눈에 보이는 푸르른 7월은 내 생애 마지막 7월인가. 오진일 확률은 없는 건가. 누구에게 언제 어떻게 내가 췌장암이라고 얘기해야 하나. 이게 현실인가. 어제만 해도 저녁 먹은 후 아이들이랑 다 같이 소파에 앉아 〈무한도전〉 레전드 편을 보며 자지러지게 웃었는데 이제 내 삶에 순도 100%의 행복한 웃음은 없는 건가.

나는, 나는, 대체 어떻게 해야 하나….

나는 삶을 즐기는 사람이었다. 언제나 내 선택에 확신이 있었고, 그 확신으로 삶을 알차게 만들어왔다. 하지만 이제껏 가보지 못했던 완전히 낯선 길을 만났다. 희뿌연 안개 너머에 얼마나 힘들고 무서운 시간들이 자리하고 있을지 몰라 감히 쳐다보지도 못할 길.

오래 살고 싶은 생각은 없었지만 40대 초반에 이렇게 될 줄은 몰랐다. 혼란스러움에 하염없이 눈물만 흘리고 있을 때, 눈앞에 택시에서 내리는 남편의 모습이 보였다.

택시에서 내리는 남편을 본 순간, 가장 먼저 든 생각은 미안함이었다. 왜 모든 감정에 앞서 미안한 감정부터 들었을까. 나도 그렇지만, 왜 남편에게 이런 가혹한 시간이 주어졌을까. 믿는 신은 없지만 하늘이 참 원망스러웠다. 떠나는 사람보다 남겨진 사람의 책임과 슬픔이 얼마나 클지를 생각해보면 그저 미안한 마음뿐이었다.

얼떨떨한 표정의 남편은 애써 울음을 삼키고 있었다. 나와 똑같은 마음이겠지. 믿기지 않으면서도 두렵고 무서운 마음.

남편은 조용히 나를 한 번 안아주었고, 우리는 말없이 입원 수속을 하기 위해 병원으로 들어갔다. 약속이나 한 것처럼 아무 말도 하지 않았고 눈도 마주치지 않았다. 입원 수속을 해야 하는데 그곳에서 감정이 터져버리면 안 될 것 같았기에.

입원 수속을 마치고 집으로 돌아가는 차 안에서 손을 맞잡았다. 그때도 서로 눈은 쳐다보지 못했다. 그저 눈물을 흘리며 각자의 고통 속에서 허우적거리고 있었던 것 같다. 집에 돌아오는 동안 하늘에 구멍이라도 뚫린 것처럼 비가 쏟아졌고, 남편도 나도 정신을 바로 차리기 힘들었다.

그러나 하나만큼은 또렷했다. 이제는 한순간도 떨어져 있기 싫다는 마음.

희망과 절망 사이 ✽

첫 진단을 받고 조직 검사를 받은 후 결과를 보았다. 지방에서는 오진일 경우가 많다는 주변의 희망 실은 말들에, 어렵사리 신촌 세브란스병원에 진료를 잡았다.

이 과정을 거치는 동안 수없이 많은 희망과 절망 사이에서 줄다리기를 하는 기분이었다. 처음에는 오진이기를, 다음에는 췌장암이 아니기를, 그다음에는 적어도 4기나 말기만 아니기를, 수술만이라도 가능하기를···.

울산대학병원의 종양내과 교수님을 만났던 날이 기억난다. 꼼꼼하게 설명해주시는 모습과 교수님 말씀이 너무 신뢰가 가서, 하지만 교수님의 입에서 나오는 단어들의 무게가 너무 버거워서 더욱 무섭고 두려웠다.

"암 진행이 너무 많이 되어 있고, 수술도 불가한 회의적인 상황입니다. 항암 치료 받으시면 체력적으로 힘이 드실 텐데, 굳이 힘들게 서울까지 치료받으러 가시는 건 에너지 낭비이니 이곳에서 항암 치료를 받으시는 것도 괜찮을 것 같습니다. 여기든 서울이든 지금 처방할 수 있는 약은 다 비슷합니다. 그래도 젊으시니까 하고 싶은 건 후회 없이 다 해보고 싶으신 마음 이해합니다. 잘 다녀오시고 결정은 이후에 하셔도 됩니다."

잘 다녀오라는 말을 듣고, 나는 그때 완벽한 절망을 마주했다. 집에 돌아가는 차 안에서 남편에게 말했다.

"힘들게 항암해서 1년 살고, 아무것도 안 하고 6개월 사는 거면 나 항암 안 할래."

15년 전쯤 시어머니의 장례식장에서였다. 정신없이 삼일장이 끝나고 화장터에서 아직 화장의 온기를 머금은 어머니의 유골함을 받아 든 남편은 얼굴에 핏기가 순식간에 사라지며 휘청거렸다. 그리고 15년 전에 봤던 그 모습이 지금 남편의 얼굴에 다시 스쳐 지나갔다.

운전하다가 아무 말도 하지 않고 옆에 앉아 있는 나를 바라보는 남편의 눈빛. 나보다 더 깊고 깊은 절망 속에 갇혀버린 듯한 눈빛. 순간, 정신이 번쩍 들었다. 내가 지금 무슨 말을 한 거지.

가는 사람은 오히려 홀가분할지 모르겠다. 남은 이들이 이를 악물고 슬픔을 견디며 현실을 살아가야 하는 고통 속에 남는 것에 비하면.

남편의 모습을 보고 다시 말했다. 이러다가 남편이 정신을 잃어 사고가 날 것 같기도 했다. "아니야, 오빠. 나 이제 다시는 나약한 말 안 할게. 어떤 항암이든 버틸 수 있을 때까지 무조건 버텨볼게."

"그래, 진짜 그런 말 좀 하지 마. 당연히 힘들겠지만 당연히 죽는 건 없어. 뭐든 해봐야지. 6개월 산다는 말 듣고도 몇 년씩 잘 사는 사람들도 많다더네 시작하기도 전에 그런 소리 하지 말자." 눈물 맺힌 남편은 그제야 안심한 듯 앞을 바라보고 운전했다.

힘든 항암이 될 것을 알면서, 조금이라도 더 버텨서 자신의 곁에 있어달라고 이야기하는 남편도 미안하고 두려웠을 것이다. 암의 전조 증상인 통증이 시작될 때부터 자신이 무엇을 해줘야 할지 몰라서 힘들어하던 남편이었다. 그런 남편에게 더 이상 무력함과 절망감을 줄 수는 없었다.

그날 그 순간이 내 뇌리에 아주 강한 의지를 남겼던 것 같다. 내 삶을 뿌리째 절망 속으로 빠뜨리려는 이 암과 싸워서 이겨내야겠다는 투지만이 마음속 아주 깊게 자리 잡을 수 있었다.

의료 대란의 한가운데서 기적적으로 진료 예약을 잡은 신촌 세브란스병원에 도착해 추가 검진을 받았고, 췌장암 권위자 강창무 교수님께 췌장암 3기로 보인다는 소견을 들었다. 먼저 항암 치료를 하고 종양의 크기를 좀 줄여 수술해보자는 긍정적인 이야기를 듣고 얼마나 행복했는지 모른다. 암흑밖에 없었던 길과 그 끝에 죽음만이 기다리고 있었던 미래에 한 줄기 찬란한 빛처럼 희망이 찾아온 느낌이었다.

당일 오후 종양내과 교수님을 만나 추가 CT 촬영을 했고, 그 다음 주 진료를 볼 때 최종 담도암 4기 판정을 받았다. 원발암이 담도 쪽에서 시작된 것으로 보여 최종 진단명이 담도암으로 바뀐 것이다. 하지만 치료 방법은 췌장암과 유사했다.

7.5cm가 넘는 암 덩어리가 내 뱃속에 자리하고 있었다. 수술은 당연히 불가했고, 최악의 상황이 조심스럽게 언급되었을 때 또다시 절망이 씨익 웃으며 나를 향해 다가오는 것을 느꼈다. 그러나 나는 절망을 마주 보며 말했다.

"그래서, 어쩌라고?"

달라질 것은 없다. 누구나 죽는다. 어떤 암도 위험할 수 있다. 유방암도 위암도 간암도 췌장암도 담도암도. 생존율이 어떻든 결국은 죽거나 살거나 둘 중 하나다. 오로지 운에 의지할 수밖에 없는 이 불확실한 상황에 어떻게든 적응해가야 한다.

매일매일의 컨디션이 무너지지 않기를, 항암 약이 내게 잘 맞기를, 항암 치료의 부작용이 크지 않기를, 제발 항암으로 암세포가 줄어들기를.

언제나 희망을 생각하려 한다. 쉽지 않을 것도 안다. 오히려 거세게 싸워보고 싶기도 하다. 생각해보면 나는 늘 꿈을 꾸며 살았던 것 같다. 참 열심히, 삶을 사랑하며. 그리고 그 안에는 항상 희망이 있었다. 이제는 어느 때보다 엄청난 희망의 힘이, 긍정의 힘이 필요하다.

수십 번도 넘게 본 내 인생 영화 〈쇼생크 탈출〉에서 가장 좋아하는 대사가 떠오른다.

"Hope is a good thing, maybe the best of things(희망은 좋은 것이다, 어쩌면 가장 좋은 것이다)."

암밍아웃   *

암 진단을 받고 나자 언제 누구에게 어떻게 알려야 하나, 소위 '암밍아웃'을 어떻게 해야 할지 고민이 생겨났다.

'당연히 가족에게 가장 먼저 알려야겠지. 다음에는 친한 지인들, 가끔 연락하는 사람들 순으로. 그런데 그 사람들에게까지 일일이 이야기를 해야 하나? 이게 뭐라고? 그래도 모두에게 마지막 인사를 할 기회는 주어야 하나? 나중에 알게 되면 서운해하려나? 갑자기 죽으면 충격이 어마어마할까? 가는 마당에 그렇게까지 배려를 해야 하나. 아니지, 아니야. 난 살 건데. 그냥 연락하지 말까?'

생각 끝에 일단 세 단계로 나누었다. 제일 먼저 언니들, 동생 그리고 아이들. 그다음에는 친구들과 친한 지인들. 마지막으로 제일 어려운 단계인 부모님까지. 가끔 연락하거나 거의 연락하지 않는 사람들에게는 굳이 알리지 않기로 했다.

주기적으로 만나는 친한 친구들 외에, 현재 가장 친한 지인들은 인스타그램에서 주로 책과 관련된 피드를 올리는 북스타그램을 운영하며 만난 인연들이다. 인스타그램을 코로나19 때 시작했으니 그들을 알게 된 지도 햇수로 5년 차였다. 거의 매일 안부를 주고받으며 책 이야기를 나누고, 화상 채팅을 통한 독서 모임을 정기적으로 하고, 오프라인에서의 만남도 여러 번이었으니 웬만한 친구들보다 더 가까운 사이라 해도 무방하다.

친구들이나 지인들 사이에서도 드문드문 인스타그램을 하는 사람들이 있으니 일일이 연락하지 않더라도 이 엄청난 소식은 봄날의 산불처럼 순식간에 번져나가겠지.

암 진단을 받은 지 3일째, 잠들지 못하던 새벽녘에 인스타그램에 담담하게 글을 올렸다. 믿기 힘든 사실을 어렵사리 받아들이며 조심스럽게 건네는 댓글과 수많은 연락이 도착했다.

언젠가 유방암 환우가 하나도 안 괜찮으니까 괜찮냐고 물어보지 좀 말라고, 당신들이 내 맘을 아느냐면서 안부의 피로감을 호소하는 글을 본 적이 있다.

맞다. 충분히 공감한다. 지금 이 상황을 누가 완벽하게 이해할 것인가. 하지만 이와 다른 그 어떤 상황이라 할지라도 완벽한 위로라는 것이 세상에 존재할 수 있을까. 위로의 언어와 행위가 진심인지 아닌지도 그것을 받아들이는 사람의 마음에 따라 달라질 텐데.

내게는 피로감보다 감사함이 더 크게 다가왔다. 누군가는 정말 큰 충격으로 느낌과 동시에, 나라는 사람이 자신들의 삶에서 사라질까 두려워서 조심스럽고 염려스러운 안부를 건넸을 것이다. 새로운 소식을 좋아하는 사람들에게는 엄청난 가십거리가 되었을 것이다. 또 어떤 누군가에게는 오늘의 안위에 대한 감사함을 느끼게 해주었을 테다.

무엇이었든 상관없었다. 하나하나의 조심스러운 안부가 모두 고맙게 느껴졌다. 그중에서도 친한 사람들의 진심 어린 편지들과 선물들은 내가 어떻게 살아왔는지, 그들에게 내가 어떤 존재였는지를 다시 한번 느끼게 해주었다. 그로 인해 살아야 할 이유를 하나 더 확인한 기분이었다.

언제나 나의 부족함을 환기해주고, 좀 더 나은 인간이 되고 싶게 해주고, 더 많이 배워야겠다는 마음을 새기게 해주는 북스타그램의 귀한 인연들. 나는 이렇게 또 그들에게서 진정한 위로와 안부는 어떻게 전해야 하는지를 배운다.

   지금 내가 가장 편안하게 생각하고 자주 만나는 모임은 '데이지'다. 고등학교, 대학교 동창이지만 정작 결혼하면서 친해진 은정이와 1년 후배인 미애. 우리는 큰 감정 소모 없이 자기 자리에서 할 일 똑 부러지게 하는 성격이다. 삶의 관점은 다르지만 성향이 비슷해서 만날 때마다 할 얘기는 넘쳐나고 뒤끝 없이 즐겁다.

   내 소식을 전하자 역시 카톡방에는 불이 났지만, 분위기는 다른 카톡방과 사뭇 달랐다. 달라질 것은 없다. 당장 내가 죽는 것도 아니고, 그냥 진단을 받았을 뿐이니까. 우리는 슬픔에 잠식당한 위로를 주고받는 것이 아니라 평소와 같이 평범한 수다를 떨었다.

   내가 이야기했다. "그거 생각난다. 손예진 나왔던 드라마. 〈서른, 아홉〉이었나? 거기서도 세 명 중에 한 명이 암 걸리지 않았어?"

   미애가 빠르게 답장을 보냈다. "그럼, 나는 손예진!"

   "에이, 내가 손예진 하려 했는데. 아닌가? 나는 이미 전미도로 역할이 정해져 있는 건가?"

"역시 한 살이라도 어린 미애가 빠르네!"

항암 치료 들어가기 전에 만나기로 약속을 정하고 기분 좋게 메신저 창을 닫는다.

이 와중에 어떻게 이렇게 농담하며 떠들 수 있냐고? 그래서 이들이 참 좋다. 두 사람의 담백한 위로 덕분에 지금 내가 마주한 이 병이 아무것도 아닌 것처럼 느껴진다. 일상의 작은 행복을 채워주는 이 좋은 사람들과 오래오래 함께하고 싶어진다.

아이들에게 엄마의 병을 어떻게 설명해야 할까. 고등학교 2학년, 중학교 3학년, 초등학교 5학년. 너무 희망적으로 이야기할 수도, 그렇다고 너무 절망적으로 이야기할 수도 없었다.

결국은 솔직함이 답이라는 결론을 내렸다. 엄마는 암이라는 병에 걸렸고, 엄마의 암은 다른 암보다 좀 더 힘들 수 있다. 항암 치료를 시작하면 많이 아플 것이고, 잘 먹지도 못할 것이다. 머리카락이 빠질지도 모르고 계속 누워만 있을 수도 있다. 하지만 다 병을 없애는 과정이니 엄마는 잘 이겨낼 것이다. 너무 놀라거나 두려워하지 말고 함께 응원해주었으면 좋겠다고 파이팅 넘치게 이야기했다.

하지만 아이들은 눈물을 쉬이 멈추지 못했다. 특히 막둥이 은우가 꺼이꺼이 우는 모습을 지켜보면서 내 마음은 수십 번도 더 찢기고 흩어졌다. 평소에 몸이 아파도 아프다고 말도 안 하는 무던한 아이다. 속 깊고 배려심 많고 조용한 우리 은우가 그렇게 감정을 토해내는 모습은 아마도 처음 본 것 같다.

내 새끼 아프게 한 놈은 누구라도 찾아내서 혼내주어야 한다는 소명을 가지고 있는 엄마가, 오히려 내 새끼를 아프게 한 주체가 되어버렸다. 아무것도 해줄 수 없는 현실의 참담함이 더욱 거세게 다가왔다. 거듭 울음을 토해내는 아이를 보며 다시 한번 결의를 다져본다.

나는 꼭 살아야 한다. 꼭 살아서 우리 아이들 곁에 무조건 버티고 있어야겠다.

제일 어려운 단계인 부모님에 다다랐다.

나는 어려서부터 참 독립적인 사람이었다. 위로 언니 둘, 아래로 남동생이 있다. 남자아이를 바랐던 집안 분위기상 그 누구에게도 민폐를 끼쳐서는 안 되는 존재라는 것을 본능적으로 느꼈던 것 같다.

그래서인지 투정을 부린 기억이 없다. 철이 빨리 들었지만 그래도 부모님의 시선을 받고 싶어서 무엇이든 열심히 했다.

속 한 번 썩인 적 없고, 고등학교 때부터 아르바이트를 해서 용돈을 받지 않았다. 대학 등록금부터 모든 것을 알아서 했고, 결혼할 때조차 모아놓은 돈을 부모님께 드리고 결혼했다.

그렇게 내 삶은 어느덧 부모님의 자랑이 되어 있었다. 처음에는 형제자매들 사이에서 유독 지원을 받지 못하고 자란 것이 조금은 분하고 원망스럽기도 했지만, 점차 내 삶이 안정되고 풍요로워지면서 오히려 드릴 수 있음이 감사하게 느껴졌다.

중요한 것은 부모님도 이 모두를 알고 있다는 사실이다. 준 것이 없지만 우리 주혜는 늘 야무지게 자기 일 잘하고 무엇이든 알아서 해내는 딸임을.

그런 나의 느닷없는 암밍아웃에 엄마는 한없이 무너지셨다. 제일 단단한 손가락이었는데 이제 유달리 더 아픈 손가락이 되어버렸다. 어떤 이야기를 전해도, 어떤 씩씩한 모습을 보여도 엄마를 위로할 수는 없었다. 늘 알아서 잘하는 자식이라 더 뒤돌아보지 않았는데, 그랬던 자식이 곧 죽을 수도 있다니 엄마의 회한을 어찌 헤아릴 수 있을까.

부모에게 세상에서 가장 큰 아픔은 자식을 먼저 보내는 '참척의 고통'이라고 했다. 내가 생각해도 내 아이들이 아픈 것보다 내가 대신 아픈 것이 백번 나았다. 그런 고통을 부모님에게 드릴 수는 없었다.

내게 엄마는 언제나 곁에 있었지만 4남매 사이에서 단 한 번도 오롯이 내 것이 될 수 없었던, 늘 결핍과 그리움 속에 있던 이름이었다. 그런 엄마가 이제 나만 바라본다. 처음에는 참 어색하고 부담스러웠는데 조금 지나니 이렇게라도 또다시 엄마의 깊은 사랑을 받는 시간이 오는구나 싶다. 그래서 이제 조금은 그런 관심을 누려볼까 싶기도 하다. 이제서라도 진짜 어리광을 부려보는 거지, 뭐.

"무소식이 희소식이다"라는 말이 세상사를 완벽하게 꿰뚫은 문장임을 절감하는 요즘이지만, 암을 마주하면서 내 삶에서 만난 인연들과의 관계를 되돌아보는 시간이 되었고, 함께 마음을 나누어준 인연들에게 감사함을 참 많이 느꼈다.

결국 나는 살아야 한다. 나를 위해서, 또 내 곁의 모두를 위해서. 암밍아웃의 과정은 내게 한 번 더 생의 의지를 꺼낼 수 있게 해준 시간이었다.

일상 감각 되살리기 ✱

나는 삶을 즐기는 사람이었다. 사람들을 만날 때는 너무나 신나게, 일을 할 때도 즐겁게, 책을 읽을 때조차도 언제나 설레며 살았다. 그렇게 흘러가는 시간 속 내 삶의 궤적에 빼곡하게 쌓여갈 에너지가 후에 어떤 모습으로 완성될지 기대하면서.

죽음을 이야기하는 여러 책을 읽으며 고개를 주억거리기도 하고 감동의 눈물을 한 움큼 쏟아내기도 했으면서, 정작 그 이야기들이 나와는 상관없는 별개의 이야기라고 치부했던 과거의 내가 떠오른다.

지금에서야 그 단순한 진리를 확실히 깨닫는다. 인간은 언제나 어리석고, 삶은 한 치 앞을 내다볼 수 없다는 진리 말이다. 일단 마음 정비가 필요했다. 늘 바쁘게 살던 나였기에, 모든 일상이 멈추고 암을 없애기 위해서만 돌아가는 시간과 삶의 패턴에 적응할 시간이 필요했다.

지인들에게 씩씩한 암 환자로 일상을 살아가겠노라고 호언장담했었다. 하지만 깊은 밤 통증 때문에 잠에서 깨어 뒤척거리면 옆에 누운 남편이 걱정할까 봐, 내 걱정에 자다 깨다를 반복하다 무거운 몸을 이끌고 일터로 나갈까 봐, 조용히 진통제 한 알을 조심스레 삼키고 어두운 공기 속을 가만히 응시하며 눈만 껌뻑이고 있을 때.

그때는 이 세상에 암과 나만 남아 있는 느낌이었다. 초대한 적도 없는데 뱃속 어딘가에 주인인 양 똬리를 틀고 앉아 내 삶을 송두리째 뒤흔든 참 반갑지 않은 존재. 혼자 암에게 말도 걸어보고, 이제는 그만 나가달라 회유도 해보고, 화도 내보고, 열심히 암과 사투를 벌이고 있을 항암제들을 응원도 해보다가….

문득 내 처지에 한숨이 새어 나왔다. 죽음이 눈앞에 다가오면 나는 어떤 경험을 하게 될까. 죽고 나서도 영혼은 남아 있는 걸까? 너무 고통스럽지는 않았으면 좋겠는데. 이런저런 생각이 끝없이 이어진다.

언제 잠들었는지도 몰랐는데 아침 햇살에 눈을 떴다. 빛을 보니 또다시 삶의 희망과 용기가 샘솟는다. 요즘 의도적으로라도 불을 자꾸 켜는 습관이 생겼다. 어둠 속에서는 나약해지는 느낌이 들어서다. 긴긴밤을 지새고 나면 또다시 하루가 시작되고, 직장에 나가지는 않지만 내가 할 수 있는 일상을 보내고 있다고 생각했는데….

이상하게도 그렇게 좋아했던 책이 눈에 들어오지를 않는다.

사람들은 늘 내게 물었다. 바쁘게 살면서도 책을 그렇게 많이 읽을 수 있냐고. 내게는 그저 재미있기 때문에, 즐겁기 때문에 시간을 쪼개서라도 책을 읽었다.

아이 셋을 키우면서 일을 했다. 작은 규모에서 시작해 다양한 품목을 아우르는 청소 업체를 운영했고, 이후 청소 기술 전문 학원을 운영하며 고용노동부 인가를 따냈다. 울산점에 이어서 올해는 부산점 오픈도 앞두고 있었다. 그러면서도 늘 한 달에 10~15권의 책을 읽었고, 2022년 8월에는 틈틈이 썼던 글들을 모아 책도 한 권 출간했다.

그렇게 모든 것을 열심히 했다. 항상 시간이 많이 나면 아무것도 안 하고 파도 소리가 들리는 곳에서 책만 읽고 싶다고 노래했었는데, 이제는 시간이 남아도는데도 책을 펴지 못하고 있었다. 생에 늘 함께해왔던 독서의 즐거움을 잊어버린 것일까. 눈앞에 닥친 현실의 무게가 너무 고단해서 책 속의 일들이 다 시시하고 부질없게 느껴진 것도 사실이다.

새로운 책을 읽는 대신 내가 좋아하는 작가님의 책을 다시 읽어보는 것은 어떨까 싶어 김혼비 작가의 《다정소감》을 폈다.

무덤덤하게 책을 읽다가 문득 그런 생각이 들었다. '아, 암이 나의 삶을 지배하도록 놔두어서는 안 되겠구나. 그것이 내게서 무엇을 앗아가려 하든 간에, 생명이든 정신이든 용기든 유머 감각이든 나는 그 모든 것을 꼭 지켜야 되겠구나.'

빛나게 살고 싶었고, 늘 빛나려 노력했다. 그러던 어느 날 초대하지 않은 이방인과 한집살이를 하게 되었고, 신나게 삶을 즐기다가 한순간에 뒷방 늙은이가 된 것 같다. 다들 바쁜 일상을 살아가는데 나는 항암 치료를 시작함과 동시에 먹고, 자고, 싸는 데만 집중해야 하는 인간이 되어버렸다. 잘 먹고 잘 자기만 해도 주변에서는 잘했다, 고맙다 한다.

그러나 나는 아직 내려놓지 못한 꿈이 너무나도 찬란하다. 그 찬란함을 마주할 때마다 자주 울컥해진다. 그래서 꿈과 현실 사이의 괴리를 조금씩 채워나가는 연습을 하고 있다. 지금 내가 할 수 있는 것에 집중하고, 너무 깊이 생각하지 않으려 한다.

현실을 부정하지는 않는다. 운명을 부여하는 누군가가 있다면 끝없이 엔진을 가동했던 내게 휴식기를 준 것이라 생각하려 한다. 좋은 것을 더 좋게 생각하고 싫은 것은 뒤돌아보지 않으며, 감사한 것에 더욱 감사하려 한다. 삶을 단순하고 명료한 시선으로 바라보게 해주는 시간들이다.

《다정소감》을 다시 읽으며 순간순간 피식 웃기도 하고 즐겁게 독서를 끝냈다. 역시 언제나 다정하고 위트 넘치는 내 '최애' 작가다.

내 삶이 이렇게 스펙터클해서일까. 책 속 인물들의 삶 또한 그만큼 새롭고 흥미롭게 다가온다. 삶과 죽음 이외에도 인생에는 수없이 많은 명제들이 존재하며, 귀하고 아름다운 것들도 넘쳐난다. 늘 그랬듯이 나는 이번에도 삶의 고난을 함께해줄 최고의 친구를 책에서 찾으려나 보다.

그렇게 일상을 진짜 일상처럼 살아갈 때, 뜨겁고 무섭기만 한 죽음이라는 화두 앞에서 두려움에 떨고 있는 한 인간이 아니라 김혼비 작가가 말한 "잘 보이지 않고 잊히기 쉬운 작고 희미한 것들"을 챙길 줄 아는 인간으로서 감각하며 감사할 수 있는 일상을 되찾을 수 있다고 믿는다.

암 선고와 함께 6개월 남았다는 말을 들었을 때 집으로 돌아와 책장에 꽂아두었던 무수한 책들을 보며 '이게 다 무슨 소용이야…'라는 생각을 다시 '읽고 싶다'라는 생각으로 바꾸는 것, 그것이 생에 대한 애착이고 일상 속 나의 모습이다. 나는 그것을 회복해야겠다.

나는 죽어가는 것이 아니라 살아갈 것이기 때문에.

엄마의 기도

처음 암 진단을 받고 암밍아웃을 하기 가장 어려운 대상은 엄마였다.

박완서 작가의 《한 말씀만 하소서》처럼 참척의 고통을 이야기하는 책을 읽을 때, 그 가늠할 수 없는 고통의 질량이 두려워서 우리 아이들을 대입해 생각하는 것은 차마 상상조차 하기 힘들었다. 그런 고통을 지척에 둔 엄마의 마음은 어떨까. 아무것도 하지 못한 채 두 손 놓고 자식의 아픔을 지켜보아야만 하는 통렬한 사무침을 모든 엄마들은 이해할 것이다.

그리고 그런 시간을 우리 엄마도 버텨내는 중이다. 암 소식을 알린 이후, 엄마는 매일 새벽 4시에 일어나서 기도를 한다. 매일 나의 안위를 묻고 조금만 힘이 없어 보여도 안절부절못한다.

"엄마, 아픈 게 당연한 거야. 다른 사람들은 밥도 못 먹고 구토하고 아무것도 못한다는데, 나는 괜찮잖아. 진통제 한 알 먹고 나면 아무렇지도 않아." 일희일비하는 엄마의 모습이 안쓰럽기도 부담스럽기도 해서 말은 이렇게 하지만 엄마의 마음을 누구보다도 잘 알고 있다.

이번 주는 컨디션이 너무 좋아 큰언니와 엄마와 절에 다녀왔다. 아직 무더운 날씨였지만 숲속의 청량한 기운과 맑은 물소리에 머릿속이 개운해지는 느낌이었다.

입구에서 2만 원짜리 제일 큰 초를 하나 구입하고도 '건강 기원'이라고 쓰여 있는 건 무엇이든지 손에 쥐고 보는 엄마에게 이야기했다. "엄마, 이런 거 없어도 괜찮아. 초도 제일 좋은 걸로 골랐잖아. 사람의 불안함을 이용한 상업 행위에 너무 보태주지 말자. 나는 초 하나면 충분해."

심장이 좋지 않아 짧은 거리를 이동할 때도 숨이 차는 엄마가 건강을 관할한다는 부처님을 모신 꼭대기 법당까지 열심히도 올라간다. 늘 무교라고 말하고 다니는 나는 부처님이고 하나님이고 그냥 엄마를 보아서라도 무조건 나아야겠다는 생각

뿐이었다.

 법당에 들어서서 언니를 따라 절을 한 차례 올린 뒤 문밖으로 보이는 멋진 풍경에 감탄하고 있는데, 덥고 습한 기운에 자꾸 모기와 파리 들이 귓전에서 왱왱거렸다. 손수건을 흔들어 쫓아내며 짜증을 내고 있자니, 옆에서 미동도 없이 염주알을 굴리며 기도하는 엄마의 모습이 눈에 들어왔다.

 이마에는 땀이 송골송골 맺히고 턱 밑으로는 땀방울이 떨어진다. 아무리 날파리가 날아다녀도 엄마는 부처님처럼 고요할 뿐이다. 숙연한 마음이 들어 엄마를 향해 열심히 부채질을 했다. 차마 언제까지 기도할 것인지 물어보지도 못했다.

 30분가량의 기도가 끝나고 엄마가 일어섰다. 엄마의 고요한 기도가 이어지는 가운데 내 마음속은 어느 때보다 시끄러웠다. 자꾸 울컥울컥 속에서 이상한 것이 올라온다. 엄마를 위해서라도 나 진짜 꼭 살아야겠구나. 부처님, 저희 엄마 보아서라도 저 좀 꼭 살려주세요.

 잠시 흩날린 비로 공기는 한층 더 깨끗하고 상쾌해져서 개운한 마음을 안고 집으로 향했다. 집에 가는 길에 추어탕 맛집에 들러 맛있게 한 그릇씩 먹었다. 두어 달 소화가 안 돼 죽 한 그릇도 못 비우던 내가 추어탕 한 그릇을 뚝딱 비우자 엄마 얼굴에 웃음꽃이 폈다.

 엄마의 환한 미소만 보면 자꾸 마음이 미어진다. 때로는 눈물보다 환한 미소가 더욱 사무친다는 사실을 이제야 깨닫는다. 더 씩씩해지겠다고, 꼭 건강해지겠다고 다짐하며 집으로 돌아왔다. 좋은 꿈을 꾸었다면서, 우리 주혜는 꼭 씻은 듯이 나을 것이라고 돌아오는 내내 이야기기하던 엄마.

 그래도 마음이 놓이지 않는지 며칠 후 작은언니와 점집에 가보겠단다. 부적을 가져오면 평소에 미신을 유독 싫어하는 나를 설득해서 집 안 곳곳에 붙이라고 큰언니에게 말해두었나 보다. 아, 역시 우리 엄마. 지푸라기라도 잡고 싶은 심정은 이해하지만 지금은 아니다. 전화하면 또 이야기가 끊길 것 같아 엄마에게 편지를 썼다.

 엄마, 큰언니한테 들었어. 작은언니랑 점집 간다고. 처음에는 엄마 마음이 편하다면 아무래도 괜찮다고 생각했는데, 생각하면 할수록 아닌 것 같더라.

 엄마, 부적이나 굿으로 사람 살릴 수 있으면 용한 무당의 지인들은 안 죽는 거야? 그건 아니잖아. 신발 떨어지면 눈치로 먹고사는 그 사람들한테 엄마 눈에 어려 있는 절실함이 안 보일까? 아마 법당 들어서는 순간부터 '호구 들어오는구나' 할 거야. 엄마 그거 절대 못 숨겨.

그리고 그 사람들이 나 죽는다 하면 어떻게 할 건데. 수백수천씩 하는 굿이라도 하자고 하면 어떻게 할 건데. 그 사람들이 생명을 점칠 만큼 용하다고 누가 장담하는데. 나는 아무것도 안 믿어. 나는 그냥 나를 믿고, 엄마의 믿음을 믿어. 괜한 데 마음 쓰지 말고 돈 쓰지 마세요.

아니면 항암 부작용 없이 안 아프게 해달라 하려고? 지금도 나는 충분히 감사하고, 순리에 어긋나는 일을 바라는 것도 아니라고 생각해. 아프면 아픈 만큼 다 감내하고 이겨내고 버텨내야 하늘도 감동해서 살려줘야겠구나 하지 않을까. 꼼수 써서 잡신 부르고 부적 쓰고 굿하면 내가 생명을 관장하는 신이라 해도 내가 살짝 밉겠다. 자기 혼자 편하게 살려고 저러나 싶어서.

아픈 게 당연한 거야, 엄마. 난 충분히 아플 거고 다 버텨낼 거야. 그 과정에서 가족들이랑 엄마의 간절한 기도가 무엇보다 하늘을 감동시킬 거라 생각하고. 내 굳건한 마음가짐에도 그만큼 강력한 효력은 없어.

나는 부적 그런 거 하나도 안 믿는다. 엄마의 간절한 믿음이 이름 모를 무당들보다 훨씬 더 효험이 있을 거라고 믿어. 그러니 다른 이상한 소리에 휘둘리지 말고 우리의 믿음만 믿자!

  나는 반드시 회복할 거고, 엄마랑 맛난 거 많이 먹으러 다닐 거고, 좋은 데도 다 놀러 다닐 거니까. 엄마, 언제나 그랬던 것처럼 셋째 딸 믿어봐. 아픈 것도 그 어떤 것도 씩씩하게 잘 견뎌내고 보란 듯이 싹 나을 테니까. 알았지?

  엄마의 한없는 사랑에 항상 감사하고 또 감사하고 있어.

  사랑해요.

항암 치료가 그렇게 두려운 건가요 1

2022년 방영된 〈서른, 아홉〉이라는 드라마 속 '찬영'은 췌장암에 걸렸으나 항암 치료를 거부하고 죽음으로 끝을 맺는 인물이다. 그리고 같은 해 방영된 〈오늘은 좀 매울지도 몰라〉라는 드라마는 암으로 아내를 떠나보내는 과정에서 겪는 일상의 잔잔한 이야기들을 엮은 것인데, 작가의 실제 경험을 쓴 동명의 에세이가 원작이다. 〈서른, 아홉〉에서는 암이 진행됨에 따라 등장인물이 겪는 과정들이 고스란히 나오고, 〈오늘은 좀 매울지도 몰라〉에서는 비교적 담백하게 그려졌으나 결국 두 작품 다 죽음으로 마무리된다.

많은 작품에서 너무나 자연스럽게 등장인물을 없애기 위해 사용하는 장치가 바로 암이다. 우리나라 영화나 드라마는 특히나 신파극이 많아서 더 자주 등장하는 것 같다. 또한 항암 치료의 부작용으로 인한 고통을 보고 있노라면, 환자 본인은 말할 것도 없고 곁에서 그 과정을 지켜봐야 하는 보호자들도 두려움을 가질 수밖에 없다.

나 또한 수많은 매체들을 통해 항암 치료 자체를 거부하고 죽음을 받아들이려는 사람들과, 그 과정을 보여주는 수많은 장면들로 인해 '암은 곧 죽음을 의미하며 항암 치료는 스스로에게 고통이고, 가족에게 민폐일 뿐이다'라고 가스라이팅을 당한 것 같다.

정말 그럴까? 지금 내가 이 글을 쓰는 이유는 이렇다. 모두가 두려워하는 항암 치료와 부작용을 이디까지 알고 있고, 얼마나 아픈지, 견딜 만한지, 언세까지 지속되는지, 그동안 듣고 보았던 정보와 내가 직접 겪은 경험을 토대로 솔직하게 써보려 한다.

예전에 나는 암에 걸리면 바로 일상을 멈추고 암이 나을 때까지 병원에 입원해서 치료를 받는 줄 알았다. 그런데 아니었다.

항암 치료의 기본은 2주 혹은 3주에 한 번(치료를 버텨낼 수 있는 환자의 체력과 암의 종류에 따라서 주기는 다르다) 병원에 방문해서 항암 주사를 맞는 것으로 진행된다. 아주 심한 말기 환자이거나 합병증 때문에 집에서 케어가 불가능해지기 전까지는 통원 치료를 하는 것이다.

일반 사람들에게 각인된 암 환자라고 하면 머리카락이 싹 다 빠지고 혈색은 희뿌옇고 살가죽에 뼈가 겨우 붙어 있을 정도로 마른 사람의 이미지를 떠올렸었는데, 어떻게 그런 몸으로 통원을 할 수 있는 건지 생각했다. 하지만 그런 이미지는 미디어에서 만든 허상에 불과했다.

물론 그런 환자들도 있기는 하다. 특히 유방암 환자의 경우 유방암에 처방되는 대부분의 항암제에서 부작용으로 탈모가 발생하기 때문에(탈모라기보다는 온몸의 체모가 다 빠진다고 한다) 유방암 병동에 가면 다들 가발이나 모자를 착용하고 있다.

내가 진료받는 간담췌외과 암 병동의 외래 진료실에 앉아 있는 사람들을 보고 있으면 가끔씩 모자를 착용하고 있거나 살이 많이 빠진 경우가 몇몇 보이기도 하지만, 그 외에는 암 병동이라고 말하지 않으면 전혀 암 환자로 보이지 않는다. 나부터도 그렇고. 직장에 다니면서 치료를 받는 사람들이 있으니, 항암 치료의 부작용에는 개개인의 차이가 있는 것이지 모두에게 심하게 나타나는 것이 아니다. 암 종류에 따라 항암제가 다르기 때문에 부작용도 다양하게 나타날 수 있다.

또한 1차, 2차라고 불리는 항암 치료의 차수는 기본적으로 2회를 기준으로 1차라고 표현한다.

70세 이상의 고령 환자들은 독한 항암제 자체에 대한 부작용이 심하고 체력이 떨어지면서 다른 합병증이 올 수 있기 때문에 처음에는 약을 조금씩 쓰면서 관찰하는 경우가 많다고 한다. 항암 치료를 여러 차례 받았던 한 친구는 최초 치료를 받을 때 체력이 좋으니 제일 센 항암제를 써달라고 의사에게 부탁하라는 말을 했었는데, 판단은 의사가 내리는 듯했다.

처음에는 무슨 약인지, 얼마나 맞는지도 모른 채 진료를 보고 주사실에 가서 주사를 맞았다. 환자인 나도 정신이 없었지만 보호자도 들어야 할 설명이 너무 많아서 약이 어떤 종류인지 체크할 겨를도 없었다.

집에 돌아와서 설명 책자를 여러 개 펴놓고 하나씩 살펴보기 시작했다. 처음에는 췌장암으로 진단받았으나 정밀하게 관찰해보니 담도 쪽에 가까워서 결국 담도암 약을 처방받았다. 내 경우에는 젬시타빈과 시스플라틴과 임핀지^{면역 항암제}로 한 번, 일주일 후에 젬시타빈과 시스플라틴만 한 번, 그다음에 일주일을 쉬는 패턴으로 1회 차 항암 치료가 마무리되었다.

암마다 처방되는 약들이 정해져 있기 때문에 내가 어떤 약을 맞고 있는지 정도는 알고 있어야 한다. 특히나 췌장암이나 담도암 같은 희귀성 암인 경우는 대체할 수 있는 다양한 항암제가 없기 때문에, 지금 맞고 있는 항암제의 이름과 부작용에 관해서도 스스로 잘 인지해야 한다. 당연히 의사가 알아서 처방해주겠지만, 기본적인 정보는 숙지하고 있어야 진료 시에 교수님에게 부작용에 대해서 상세히 설명할 수 있다. 교수님도 그에 맞게 약이나 용량을 변경해줄 수 있고, 무엇보다 살고자 하는 내 의지를 다시 한번 교수님에게 표명할 수 있다.

지난주에 3차 항암 치료의 첫 번째 주사를 맞고 왔다. 이번 주 목요일에 두 번째 주사를 맞고 오후에 암이 얼마나 줄었는지 확인하기 위해 CT 촬영을 할 것이다. 통상적으로 매 진료마다 피 검사를 통해 항암 치료의 부작용과 몸의 이상을 확인하고 2개월에 한 번씩 CT 촬영을 해서 암 크기를 확인한다. 이는 병원마다, 담당 의사마다 다르다.

암 진단을 받은 후에 독한 항암 주사를 맞으며 두 달 가까운 시간이 지났기 때문에 치료 효과가 있기만을 바라고 있었다. 췌장암이나 담도암은 비교적 항암 주사의 효과가 적은 것으로 알려져 있고, 특히나 4기나 말기 환자들은 더 그렇다고 알고 있었기 때문에 희망을 가지는 가운데 긴장도 더해졌다.

항암 치료 직전, 빨리 암을 없애는 작업을 시작하고 싶어 조바심이 나기도 했지만 솔직히 가장 크게 느껴진 감정은 두려움이었다. 나처럼 항암을 하고 있는 친구도, 관련 지식이 많은 지인들도 췌장 쪽은 특히나 통증이 어마어마하다고 이야기했고 부작용이 커서 항암 치료를 포기하는 사람들도 많다고 했다.

암이라는 병. 그것도 담도암.

네이버 검색창에 암 환자의 5년 생존율을 검색해보면 4기 환자의 생존율은 2%밖에 되지 않는다. 그런데 희한하게도 내 주변에는 4기 진단과 6개월 통보를 받고도 3년, 8년씩 살아 있는 사람들이 많다.

그래서 나는 그런 통계 따위는 믿지 않기로 했다. 너무 큰 희망 끝에 더 큰 절망이 뒤따를까 걱정되기도 했지만, 일단 걱정은 상황에 맞닥뜨리고 나서 하기로 마음먹었다. 무엇보다 미디어에서 접했던 항암 치료 과정과 결과는 암을 죽음과 동일시하게 만들었는데, 막상 항암 치료를 시작하니 미디어에서 보여주었던 것과 다른 부분이 많아서 당황스러웠다.

항암 치료가 그렇게 두려운 건가요 2 ✱

 인간은 자신이 예측할 수 없는 상황에 마주했을 때 공포감과 두려움이 극대화된다. 내게 항암 치료가 그랬다. 병원에서 암을 진단받고 집으로 돌아가는 차 안에서 남편에게 항암 치료를 하지 않겠다고 말했을 만큼.

 그뿐이랴. 암이라는 병에서 느껴지는 아득함만 해도 무서운데 독하디 독한 항암 치료에 발을 들이느니 죽음을 택하겠다는 사람들이 있을 정도라 하니, 고통과 두려움의 영역임이 확실하다고 느껴져 더 무서웠다. 아마 대부분의 사람들이 그럴 것이라고 생각한다.

 하지만 직접 겪어보니 견디지 못할 수준은 아니었다. 물론 앞으로 험난한 시간들이 있을 수 있겠지만, 사랑하는 이들과 함께할 시간을 1년, 한 달, 아니 하루라도 더 늘릴 수 있다면 내 안위만 생각하기보다는 일단은 부딪히고 겪어보아야 하지 않을까. 또 항암 치료를 하지 않는다고 해서 아프지 말라는 법도 없고. 어떤 선택이 내게 더 편안함을 줄지는 모르지만, 이왕이면 사랑하는 이들을 위해 후회 없는 선택을 하는 것이 옳다고 생각한다.

아무리 재수 없으면 걸리는 것이 암이라지만 단 한 번도 제대로 싸워보지도 않은 채 굴복하고 싶지는 않았다. 아픈 것이 당연한 수순이라면, 까짓것 좀 세게 아프고 하루라도 더 살고 싶었다.

이렇게 하루치의 시간이 간절한 적이 있었던가. 죽음을 기억하라는 뜻의 "메멘토 모리"를 아무리 외쳐도, 어차피 사람들은 눈앞에 닥치지 않으면 자신과는 상관없는 일인 양 살아간다. 하지만 진짜로 죽음이 눈앞에 다가와 있으면 지금 이 순간, 사랑하는 이들과 함께하는 순간이 얼마나 절실하고 감사한지를 깨닫게 된다.

지금 내가 그렇다. 머리카락이 뭐 그리 대수며, 수시로 올라오는 구역질이 대수인가 싶다. 처음에는 항암 치료가 많이 힘들 것이라던 위로와 격려의 말들, 속은 메스껍고 입은 구내염으로 뒤덮여 침도 삼키기 힘들 정도니 몸무게가 엄청 빠질 것이라는 말들, 머리카락이 다 빠질 테니 가발을 준비해놓으라는 두려움만 가득한 말들 때문에 오히려 더 두렵고 도망치고 싶었다. 무식하면 용감할 수나 있었을 텐데 어쭙잖게 알고 있으니 그 과정이 얼마나 지난하고 고될까 싶어 두려웠다.

살이 조금 빠졌다. 하지만 원래 덩치가 있는 편이라, 이참에 다이어트를 하게 되는 것인가 내심 기대를 했는데, 요즘 또 너무 잘 먹어서 다시 2킬로가 쪘다. 메스껍긴 하지만 구토 방지제를 먹으면 그럭저럭 견딜 만했다. 입덧과 비슷한 느낌이 지속되다가 무언가를 먹으면 진정됐다.

나는 항암 주사를 맞은 후 이삼일 정도 구역감 때문에 식욕이 떨어졌는데, 그 이후로는 크게 힘들지 않았다. 먹고 싶은 것은 늘 있었다. 오히려 병원에서 정식으로 진단받기 전 아팠을 때는 소화가 안 돼서 두 달 동안 제대로 먹지 못했는데, 지금은 무엇을 먹어도 소화가 잘 되어서 한 그릇은 뚝딱 비워낸다. 때때로 두통이 올 때도 있고 열이 조금 날 때도 있지만 일상생활을 해도 무방할 만큼, 오히려 진단받기 전보다 컨디션이 더 좋다.

단지 네다섯 시간에 걸쳐 주입되는 항암제를 맞은 직후가 힘들었다. 케모포트_{정맥 혈관을 통해 심장 가까이의 굵은 혈관까지 삽입되는 관의 일종}에서 굵은 주삿바늘을 빼는 순간부터 항암제로 가득 찬 뱃속은 유난히 울렁거리기 시작한다. 그리고 이어서 온갖 소독약 냄새가 후각을 강타하면 나는 코를 틀어쥐고 뛰다시피 하며 병원 문을 나선다.

초기에 멋모르고 지하 주차장에서 시간을 많이 보낸 바람에 그 냄새가 트라우마처럼 각인이 됐다. 비슷한 냄새만 맡아도 구역질을 해대는 통에 지하 주차장에 들어가기는커녕, 지하 주차장 냄새가 배어 있는 엘리베이터도 이용하지 못했다. 이 때문에 남편이 차를 빼서 1층 병원 입구까지 태우러 와야 하는 번거로움이 늘었다.

희한하게 흰 여름에 암 진단을 받고 나서 바로 항암 치료를 시작했는데 항암 주사만 맞으면 오한이 들었다. 40도를 육박하는 더운 날씨에도 뒷좌석에 핫 시트를 켜놓고 오한에 떨면서 집으로 돌아오곤 했으니 대중교통을 이용할 수가 없었다. 항암 치료가 있는 날마다 울산에서 서울까지 왕복 열 시간이 넘도록 운전해주는 남편에게 미안해서 에어컨을 꺼달라고는 말하지 못하고 담요를 둘둘 말아 덮어야 했다.

담도암 항암 주사는 탈모 부작용이 올 확률이 1% 미만이라는데, 나에게 탈모가 왔다. 남편이랑 웃으면서 이야기했다. "내가 그 어려운 1% 안에 들었네. 5년 생존율 2% 안에도 들 수 있겠다."

머리 감을 때마다 어마어마하게 빠지는 머리카락을 보면서 '다섯 번만 더 감으면 대머리 되겠네' 생각하게 된다. 추석 전에 미용실을 가려 했으나 어른들이 내 머리를 보고 심란해하실까 봐 조금 참아본다. 명절이 지나면 가발을 맞추고, 계속 빠지는 머리카락에 의기소침해지기 전에 머리를 밀어버릴 생각이다.

상황에 지배당하기 전에 내 선택으로 하는 거니까 쿨하고 좋지 아니한가, 혼자 생각하면서.

다시 정리해보자면, 약간의 구역감이 있지만 아이를 셋이나 낳아 키운 덕분에 입덧이야 익숙하다. 가끔씩 찾아오는 두통은 의사에게 상의했더니 한 말씀 하신다. "진통제 드세요." 그래서 바로 진통제를 먹었더니 말끔히 사라졌다. 38도 미만의 열은 해열제 먹어서 내려가면 된다. 항암제 투여 직후의 메스꺼움과 열감은 당시에는 분명 힘들지만 하룻밤만 잘 자면 괜찮다. 탈모는 빠지는 머리에 연연하지 않고 예쁜 가발 사서 쓰면 된다.

  결국 나는 무섭고 독하다는 항암 치료를 진행하면서 잘 지내고 있다. 항암제라는 것이 누군가에게는 잘 들을 수 있지만, 누군가에게는 부작용만 어마어마하게 남기고 효과도 없을 수 있단다. 그래서 2개월마다 CT 촬영을 통해 항암제가 잘 듣는지 확인하는 것이다. 잘 맞는 항암제도 오래 맞다 보면 내성이 생기니까 그럴 경우 다른 항암제로 바꾸고, 또 CT 결과를 보고 효과가 미미하면 다른 항암제로 대체한다.

  항암제의 종류가 많은 만큼, 각 항암제에 따른 부작용도 다양하다. 내게 맞지 않는 항암제가 다른 누군가에게는 최고의 항암제가 될 수 있다. 부작용도 마찬가지다. 열이면 열, 백이면 백 모든 부작용은 다르게 나타난다고 한다. 죽어도 항암 치료는 못 받겠다며 포기하는 사람이 있는가 하면 나처럼 그럭저럭 잘 버텨내면서 일상생활이 가능한 사람들도 많고, 오히려 나보다 더 부작용이 없는 수준인 사람들도 있다.

  누군가는 회차가 쌓이면서 점점 더 힘들어진다고 걱정하기도 하고, 또 다른 이는 첫 항암이 제일 힘들었고 가면 갈수록 괜찮다 한다. 그래서 이제는 그런 말 다 믿지 않기로 했다. 내가 직접 부딪혀보고 경험해보는 수밖에. 남들은 너무 힘들었을지라도 나는 그럭저럭 할 만할지 누가 아는가.

프랑스 작가 프랑수아즈 사강은 "나는 나를 파괴할 권리가 있다"라고 말했다. 처음 그 말을 들었을 때는 참 멋져 보였는데, 지금 생각해보면 겉멋만 가득 든 배부른 소리라는 생각이 든다. 우리는 그래서는 안 된다.

혹시라도 미디어나 주변 암 환자를 보면서 항암 치료를 망설이고 있다면 부디 그러지 않기를 바란다. 암 환자에게 항암 치료는 내가 지키고 싶은 사람들, 내가 사랑하는 사람들에게 할 수 있는 최선의 의지이자 사랑의 표현이라 생각한다. 내 안위만을 위해 두려움에 떨며 시작조차 하지 않는 어리석은 선택은 하지 않았으면 좋겠다.

의료 기술이 급속도로 발전하고 있는 지금은 큰 부작용이 없으면서도 암세포를 효과적으로 죽이는 항암제들이 많이 생겨나고 있다. 처음에 병원에서 생존 기간이 6개월, 1년으로 보인다는 말을 들었어도 내게 잘 맞는 약을 만나고 잘 버티다가 신약 개발로 완치가 된 사례도 많다.

암 진단을 받으며 삶의 허망함도 느꼈지만 그만큼 삶의 소중함도 통렬히 느끼는 요즘이다. 사랑하는 이들을 남겨두고 떠나야 할 그 고통을 생각한다면 육체의 고통쯤이야 얼마든지 견뎌낼 수 있다. 순리에 맞게 아프고, 열심히 암과 싸워서 꼭 이겨내고 싶다. 그렇게 오늘도 견디고 버티고 감사하는 마음으로 항암 치료를 받는다.

제스프리 키위 빡빡이   ✱

참 반가운 가을비가 쏟아져 내렸다. 올해 여름은 유난히도 길었다.

지난 7월 초, 암 진단과 함께 여름을 맞이했다. 그리고 이례적인 폭염이 지속되는 나날 속에서 몸과 마음은 함께 지쳐갔다.

달력의 숫자보다는 계절의 변화로 시간의 흐름을 가늠하게 된다. 처음 느꼈던 시련의 당혹스러움과 고통의 과정 속에 늘 함께했던 무더위가 이제야 물러난 듯해서, 이례적으로 길었던 여름의 끝이 반가우면서도 내년에도 이 더위와 매미 소리와 푸르름을 만날 수 있을까, 하는 생각으로 이어진다. 속에서 또 울컥한 것이 올라온다.

어김없이 찾아오는 계절의 아름다운 변화들을 당연히 여겼고, 언제든 누릴 수 있다 생각했다. 그러다 그 유한성을 깨달을 때 모든 것이 선명하고 귀하게 느껴진다. 여전히 계절은 어김이 없지만 이제는 내 시간에 어김이 자리할까 봐 문득문득 겁이 난다.

그러나 계절이 지나감에 아쉬워하기보다는 다가오는 가을을 즐기기로 결심했다. 옅어지는 초록 잎들과 조금씩 붉게 물드는 단풍, 한 뼘은 더 높아진 듯한 선명하고 파란 하늘, 살랑 불어오는 상쾌한 바람, 바닥에 뒹구는 알이 꽉 찬 도토리…. 눈앞에 있을 때 조금 더 눈 밝게 즐겨야지.

곧 찾아올 시리고도 따뜻할, 내가 제일 좋아하는 계절인 겨울도. 그리고 내년에 찾아올 사계절도 꼭 즐겨야지. 조금 더 욕심내야지.

추석 연휴가 끝나고 엄마와 언니들과 함께 가발을 맞추러 갔다. 다음 달에 있을 내 생일을 맞아 언니들이랑 동생이 예쁜 가발을 선물한단다. 언니가 미리 예약해놓은 부산의 항암 환우 가발 전문으로 유명한 헤어숍을 방문했다.

예전에는 참 많이도 투닥거리며 싸웠는데 요즘은 나를 바라보는 눈길과 목소리에서 그렇게 꿀이 뚝뚝 떨어질 수가 없다.

평소답지 않은 애정 어린 시선들이 부담스럽지만, 지금이 아니면 또 언제나 누릴 수 있을까 싶어 이 기회에 마냥 누리기로 한다.

내게 머리카락은 감정을 건드리거나, 현재의 행복을 좌우하는 촉발제로서의 의미가 단 '1도' 없다고 늘 이야기해왔다. 하지만 솔직히 머리 감을 때마다 한 줌씩 쥐여 나오는 머리카락들을 볼 때면 왠지 모를 서글픔도 느껴지곤 했다. 곧 '빡빡이'가 된다는 생각에 조금 겁을 먹은 것도 사실이다. 머리 깎고 출가하지 않는 한 내 생에 이런 파격적인 헤어스타일을 하게 될 날이 올 줄은 몰랐으니까.

숍으로 들어서니 디자이너가 미리 여러 개의 가발을 준비해놓았다. 안내된 자리에 앉자마자 "머리카락부터 자르실래요?" 묻는다. 괜히 어물쩍 뜸 들이고 망설였다가는 곧장 울음바다로 변할까 봐, 나는 1초의 망설임도 없이 대답했다. "네, 싹 다 밀어주세요."

바로 바리깡이 작동하는 소리가 뒤에서 들려왔다. 솔직히 속으로는 엄청 졸았다. 바리깡이 머리 위를 한번 훑고 지나가자마자 두피가 훤히 드러나기 시작했다. 이제는 되돌릴 수 없다는 심정으로 담담히 거울을 보다가, 살짝 눈물이 올라오는 것을 겨우 삼켰다. 옆에서 엄마는 벌써 눈물을 훔치고 있다. 나까지 슬퍼하면 엄마와 언니들이 더 슬퍼할까 봐 주저리주저리 시답잖은 농담을 하며 크게 웃어버렸다. 삽시간에 내 머리는 빡빡이가 되었다.

샴푸를 마치고 여러 개의 가발을 써본 뒤, 나와 제일 잘 어울리는 가발을 구매해서 숍을 나왔다. 인모로 만들어진 가발이라 가격이 상당히 높았음에도 불구하고 내 것이 아닌 것처럼 어색하게 느껴졌다. 하지만 언니들과 엄마는 말 안 하면 가발인지 모르겠다면서 이쁘다고 난리였다. 그렇게 다시 없을 경험을 하고 집으로 돌아왔다.

이제 또 새로운 관문이 남았다. 빡빡이가 된 내 모습을 가장 자주 보게 될 가족들이 어떻게 받아들일지가 걱정되었다. 큰 부작용 없이 일상을 잘 지내고 있는 나를 보며 아이들도 처음에 마주했던 두려움을 조금씩 이겨낸 듯했는데, 이제 나를 볼 때마다 다시금 엄마가 암 환자라는 사실을 환기하게 될 테니 그런 상황이 싫었다.

하지만 내 외형이 달라지는지에 따라서 현실도 달라지는 것은 아니니까. 아이들도 두렵지만 현실을 직시하기는 해야 하니까. 언제라도 내 컨디션이 안 좋아질 수 있고, 응급 상황이 생길 수도 있으니 숨기려고 애쓴다 해서 달라질 것은 없다. 그냥 아이들이 조금이라도 편안하게 받아들이기를, 엄마의 머리카락이 없어지는 것에 두려워하지 않기를, 엄마가 수치스러워하지 않을까 하는 마음에 슬퍼하지 않기를 바랐다.

집에 돌아와 저녁을 먹고 난 후, 엄마가 머리를 보여줄 테니 기대하라고 이야기한 뒤 가발을 벗었다. 그러고는 "마이 프레셔스" 하며 〈반지의 제왕〉의 골룸 흉내를 내니 아이들은 잠시 놀라는 듯하더니, 금세 이상하다고 그만하라며 자지러진다. 그렇게 빡빡이와의 첫 만남은 신나는 웃음 속에서 마무리되었다.

하지만 나는 알고 있다. 그 웃음 끝에는 엄마의 마음을 읽은 아이들의 고운 눈물방울들이 맺혀 있었다는 것을. 귀하고 귀한 내 새끼들….

오늘은 키위를 깎아 먹는데, 아이들이 내 머리에 키위 상표 스티커를 붙여놓고는 사진도 찍고 재미있다고 난리다. 참 감사하다. 두려움과 슬픔에 잠식당하지 않고 즐거움과 행복 속에 빡빡이로 지낼 수 있음이.

아프고 나서 매번 느낀다. 애써 더 강하고 괜찮은 척하는 모습이 스스로 조금은 안쓰럽게 느껴질 때도 있지만, 내가 중심을 잡아야 사랑하는 사람들이 안심한다는 것을. 그들의 안심과 편안함과 즐거움을 보면서 또다시 힘을 내본다.

그래, 나는 강해질 거야. 꼭 이겨낼 거야.

*

2장 · 가을에는

악몽의 5회 차 항암 일지

항암 치료의 거대한 두려움 속에서 겁에 질렸었던 내가 떠오른다. 치료 없이 그대로 방치할 경우 예상 여명은 6개월 남짓.

그냥 이렇게 살다 죽을까 생각했을 만큼 항암 치료에 대한 두려움은 컸다. 그럼에도 생에 대한 집착, 사랑하는 이들에 대한 책임감, 그간 받아온 크나큰 사랑에 대한 보답으로 내가 당시 취할 수 있는 최선의 선택은 항암 치료에 최선을 다해보는 것이었다. 막상 시작하니 할 만하기도 했고.

그러나 회차가 늘어갈수록, 너무 초기에(백혈구 중 호중구 수치도 정상 범위이고 체력이 남아 있을 시기에) 성급하게 항암 치료에 대해 결론을 내버린 것은 아닐까 염려가 되었다. 이제 겨우 몇 번 받아놓고, 몇 년씩 치료를 받으며 힘들게 버티는 이들의 고됨을 당연히 참아야 한다는 식으로 치부하는 경솔함을 범하지는 않아야 할 텐데. 하지만 지금의 내 글들은 암 투병 초기의 경험에 의존한 생각임을 감안해주면 좋겠다.

앞으로 내가 넘어야 할 수많은 산들에서 어떤 험준한 상황을 맞게 될지는 모르겠다. 알지 못하는 길이기에, 한 번도 경험해보지 못한 일이기에 항상 두려움이 도사리고 있다.

어제는 6차의 첫 번째 항암 치료를 받고 돌아왔다. 어제 치료를 받고 오늘 이 글을 쓸 수 있다는 것은 컨디션이 하루 만에 회복되었다는 반증이었다. 이제 5차 항암을 한 지도 3주가 지났다.

진작에 "항암 일지"라는 제목으로 글을 적고 싶었으나 상황을 다시 되새기기가 괴로울 만큼 치료가 힘들었다. 그래서 지면을 회피했던 것 같기도 하다. 앞으로 계속 이렇게 힘들기만 하다면 나는 이제 항암 치료에 대한 두려움을 이겨내지 못하는 것 아닌가 하는 무서운 생각까지도 했었으니까.

예전에는 "몇 차 항암이 힘들다" 같은 이야기를 들으면, 똑같은 약을 매번 맞는데 회차마다 무엇이 다를까 궁금했다. 하지만 나의 경우에는 확실히 5차 항암 치료가 다른 회차보다 훨씬 힘이 들었다. 다행히 6차 항암 치료에서는 큰 부작용이 없어서 이 고통이 누적되는 것이 아니라 컨디션에 따라서 크게 좌우되는구나 싶어 어느 정도의 안도감을 느꼈다.

항암 치료가 있는 날의 내 일과는 새벽 3시 30분에 시작된다. 30분 만에 후다닥 준비해서 남편과 함께 차를 타고 울산에서 서울의 신촌 세브란스병원으로 향한다. 왕복 열 시간이 넘게 걸리는 고된 여정이라 늘 남편에게 미안한 마음이지만 남편은 자신이 이런 것이라도 함께해줄 수 있어서 다행이라 말한다. 상황이 더욱더 우리 사이를 견고하게 해준다.

두 번째 항암 치료가 시작될 때부터 병원의 지하 주차장에서 풍기는 향기와 주사실의 소독약 냄새가 거슬리기 시작했다. 옆 침상에서는 약을 맞다가 구토하는 사람들도 많아서 나는 주삿바늘을 꽂음과 동시에 이어폰으로 귀를 막고 음악을 크게 틀어놓는다. 그런 소리들이 겨우 참고 있는 속을 더 울렁거리게 만드니까. 지금 이 순간에도 주사실의 냄새와 분위기가 맴돌아 '울렁울렁 울렁대는 가슴 안고' 글을 쓰는 중이다. 무엇보다도 멈추지 않는 구역감이 나를 제일 힘들게 했다.

5차 항암 때 잠을 두세 시간밖에 자지 못하고 허리도 삐끗해서 움직일 때마다 힘든 상태로 주사를 맞았다. 속이 울렁거려 사탕을 입에 넣고 아무 말도 하지 못한 채 이를 악물고 메스꺼움을 버텼지만, 결국 쏟아져 나오는 구토를 막지 못했다. 그러고 나니 온몸에 힘은 쭉 빠지고, 더 예민해진 빈속에 오만가지 냄새가 밀고 들어왔다.

속이 뒤집어질 것처럼 울렁거리는 구역감을 어떻게 표현할 수 있을까. 당장이라도 주렁주렁 달려 있는 주삿바늘을 빼고 도망가고 싶은 심정이었다.

주사를 맞으며 물 이외에 음식 섭취는 불가하지만, 속을 진정시키기 위해 유자에이드를 조금 마시니 정말 다행히도 조금은 진정이 되었다. 너무 심한 오한을 방지하기 위해 교수님이 신경 안정제와 진통제를 처방해주셨는데, 몸이 까무러지기 시작하면 손에 쥐고 있는 알약 두 개를 입에 가져가고 물 한 모금 마시는 일도 태산을 옮기는 일처럼 버겁게 느껴진다.

축 늘어진 채로 뒷좌석에 앉아 30분째 알약을 쥐고 있으니 운전하던 남편은 얼른 약 먹고 누워서 쉬라고 재촉한다. 나를 위해 얼마나 애써주는지 알고 있고, 지금도 걱정으로 한 말인 줄 알면서도 내 상태를 알 길이 없는 남편에게 살짝 짜증이 일었다. 하지만 입도 뻥긋할 기운이 없다.

태산처럼 무거운 알약을 겨우겨우 입으로 옮긴 후 물을 삼켰다. 그리고 쓰러져서 기절하다시피 잠에 든 채 집에 도착했다. 그런 모습을 지켜보는 남편도, 이야기를 전해 들은 가족들도 많이 힘들었을 것이다.

 집으로 가는 차 안 뒷좌석에 웅크리고 있었던 나는 울산으로 내려가는 내내 몹시 두려웠다. 항암 치료도 해보니 별것 아니라며 큰소리치면서 씩씩하게 굴었는데, 벌써 다음번 항암 치료가 두려워지기 시작했기 때문이다. 이렇게 물조차 마시지 못하면 구역감은 계속 내 속에 머물 것이고, 체력이며 정신력까지 탈탈 털릴 것만 같았다.

 그제서야 항암 치료가 체력 싸움, 정신력 싸움이라던 말의 뜻을 어렴풋이 느낄 수 있었다. 고작 치료 몇 번 받아놓고 겁먹지 말라고, 할 만하다고 이야기했던 과거의 경솔함이 부끄럽기도 했다.

 집에 돌아와 남편에게 누룽지를 끓여달라 부탁했다. 다행히 차 안에서 조금 잠을 잔 뒤라 울렁거림이 그렇게 심하지는 않았다. 뜨끈하고 구수한 누룽지가 몇 숟가락 들어가자 속이 아주 편해졌다. 집에서 얻는 안정감과 익숙한 냄새가 전체적으로 위장을 달래준 것 같았다.

며칠 갈 줄 알았던 구역감은 다행히도 다음 날 오후가 되자 바로 없어졌다. 그러나 주사를 맞는 그날이 다가오면 신경이 곤두서고 괜한 울렁거림이 시작됐다. 심리적 트라우마가 벌써 작동하는 것인가 싶어 앞날이 깜깜했다.

진료 때 교수님에게 말했더니 나 같은 사람들이 많은지 바로 약 처방을 해주셨다. '아티반정'이라는 이름이었는데, 효능 효과를 찾아보니 향정신성 의약품으로 "항불안제"라고 적혀 있었다.

병원 치료 전날 저녁이랑 아침에 조금씩 복용하면 된다고 했는데, 궁금한 마음에 아침을 먹고 반 알을 먹었다. 점심쯤 되자 나른하게 잠이 쏟아져서 낮잠을 달콤하게 두 시간 정도 자고 깨어났다. 창밖의 햇살이 비쳐 들어오는 풍경이 그렇게 평화롭고 행복하게 느껴질 수가 없었다. 퍼뜩 정신을 차리고, 약효 때문에 이런 것인가 싶어 병원 주사실을 떠올려보니 바로 구역질이 올라왔다.

이런, 그냥 낮잠을 아주 꿀처럼 달게 자서 세상이 행복해 보였을 뿐이었다.

어쨌든 간만에 꿈도 꾸지 않고 편안하게 숙면을 취했으니 효과는 있다고 보아야 할 듯했다. 이 약이 얼마만큼의 심리적 안정감을 줄지는 모르겠으나 안 먹는 것보다야 나을 테고, 다음 치료일이 벌써부터 부담되긴 하지만 어쩌겠는가? 이겨내야지.

앞으로도 나는 이렇게 수없이 닥쳐올 새로운 상황에 넘어져도 조금씩 다시 적응해나가면서 항암 치료에 임할 것이다. 버티기 힘들어도 약물의 도움이든 뭐든 헤쳐나갈 수 있는 방법을 어떻게든 찾아낼 것이다. 넘어지지 않을 수는 없다. 하지만 넘어지면 왜 넘어졌는지가 보인다. 그러면 훌훌 털고 일어나서 똑같은 일로 다시 넘어지지 않도록 주의하면 된다.

김장하는 마음 ✽

 요즘 누가 김장을 하냐고들 말하지만 사실 내 취미는 김치 담그기다. 파김치, 총각김치, 오이지, 물김치, 겉절이 등등 저렴한 제철 식재료가 눈에 보이면 사 와서 김치를 만들어내는 일이 즐겁다.

 내게 김장하는 날은 취미 생활의 끝판왕이자 하루 정성을 다해서 1년 동안 언제나 꺼내 먹을 수 있는 음식을 만드는 중요한 날이기도 하다. 누가 시켜서 하는 것이었으면 김장날이 노동하는 날처럼 느껴져 피하고 싶었을 것이다. 하지만 내가 마음이 동해서, 하고 싶어서 하는 것이니 주변에서 다 말려도 나는 즐겁기만 하다.

 시중에서 구입한 김치에서는 맛볼 수 없는, 건강하고 시원하면서도 점점 더 감칠맛 나는 특유의 김치 향은 직접 담근 김치를 따라올 수 없다. 작년에는 황석어젓을 넣어서 구수한 맛을 내보았는데 올해는 멸치액젓과 육젓을 써서 경상도 특유의 깔끔하면서도 익으면 익을수록 풍부하고 깊은 맛이 나는 김치를 담그기로 했다.

시어머니가 안 계신 관계로 시댁에서는 김장을 하지 않는다. 홀로 계신 시아버지는 해마다 고모님들이 알음알음으로 챙기니 조금만 보내드리기로 했다. 그럼에도 매번 자꾸 남은 김치 없냐 물어보시는 걸로 보아 내가 만든 김치가 입에 맞으신가 보다. 나중에 또 찾으실지도 모르니 넉넉하게 담가놓기로 한다.

엄마는 언젠가부터 힘들다고 김장을 안 하신다. 언니들도 사정은 마찬가지. 그러니 김장을 하겠다고 나서는 사람은 나뿐이다. 나의 김장 선언에, 언니들과 엄마는 아픈 몸에 김장하다 몸살 난다며 한사코 말렸다. 혹시라도 하게 되면 가서 도와주겠다고.

그런데 나는 늘 혼자 하는 게 편하다. 일머리 좋고 손이 재빠른 남편이랑 둘이 하는 것이 좋다. 내 집에 온 사람은 가족이

든 누구든 대접을 해야 도리라고 생각하는 나로서는 도와주겠다는 고마운 제안마저도 마음의 부담이다. 아무도 시키지 않았지만 수육 삶고 손님 접대까지 해야 할 것 같아서, 그냥 먹을 만큼만 조금 할 테니 걱정 말라고 이야기했다.

절인 배추를 딱 100kg(100포기 아님) 구입해서 김치를 담가보기로 했다. 이왕 맛있는 양념을 만드니 총각김치도 좀 담글 계획이었다.

디포리_{밴댕이 말린 것} 한 상자에 표고버섯, 황태 머리, 건다시마, 양파, 무, 파를 넣고 한 시간 동안 푹 고아 육수를 먼저 낸다. 육수를 적당량 덜어내서 불려둔 찹쌀 1kg를 넣고 찹쌀풀을 쑨다. 커다란 대야에 마늘과 생강, 액젓, 육젓, 생새우, 잘게 썬 청각, 고춧가루, 갈아 만든 배 음료, 물엿, 깨소금, 육수, 찹쌀풀을 넣고 잘 섞어준 뒤 세 시간 정도 숙성시킨다. 무채와 쪽파, 갓은 버무리기 직전에 양념과 함께 섞어준다.

분명 절인 배추를 샀는데 줄기 쪽이 하나도 절여 있지 않아 일일이 칼집을 내 다시 한번 소금에 절였다. 생각보다 쉽지가 않다. 작년에는 세 시간 만에 다 끝냈는데, 이상하게 올해는 좀 더 맛있게 하고 싶은 마음 때문에 행동이 조심스러워졌는지 재료 준비를 끝내는 데만 다섯 시간이나 걸렸다. 아직 양념은 바르지도 않았는데….

나는 원래 일에 겁이 없는 편이다. 어떤 일이든지 겁 없이 뛰어들고 무엇이든 처음부터 잘할 수는 없다고 생각한다. 한두 번 엎어지더라도 그다음에 제대로 해낼 수 있을 만큼 일에 익숙해졌을 때 느끼는 성취감에서 진정한 기쁨을 맛본다. 그래서 늘 일을 찾아다니고 더 크게 키우다 보니 일복 많다는 소리를 듣나 보다.

일하는 즐거움을 누구보다 잘 알기에 아직도 자꾸 일에 욕심을 낸다. 이제는 체력이 그 마음을 따라가지 못한다는 걸 알면서도.

재료 준비를 마치고 아이들과 함께 양념을 바르다가 중간에 압력솥에 수육도 올려놓고 마무리하니 나머지 양념 바르는 것은 금방 끝이 났다. 막둥이 아들은 배추를 나르고 잔심부름을 맡았다. 야물지 않아도 손이 많으니 이래저래 빠르게 마칠 수 있었다.

그렇게 조잘거리며 함께 김치를 버무리고 있는 가족들을 바라보고 있으니 조금 뭉클해졌다. 사랑하는 이들과 오롯이 함께 무언가를 완성해내는 과정이 참 감사하고 복되게 느껴졌다. 내년에도 꼭 김장을 하겠노라고 다짐했다.

다행히 보쌈도 잘 삶아졌다. 정리한다고 바닥에 묻어 있는 양념을 닦고 있자니 허리가 끊어질 듯 아팠다. 이제 정말 체력이 바닥났구나. "내일은 엄마가 무조건 아플 예정이니까 아점은 알아서들 챙겨 먹어"라고 이야기하고 저녁 먹고 일찍 잠이 들었다.

사실은 잠들면서도 걱정이었다. 몸을 너무 혹사시킨 것은 아닐까. 이러다 진짜 몸살이라도 나면 안 그래도 면역력도 좋지 않은데 감기까지 따라오는 것은 아닐까. 계속 걱정이 따라붙었다.

다음 날 이른 아침 5시쯤에 눈이 번쩍 뜨였다. 이리저리 몸을 뒤집으며 상태를 확인해보았는데 몸살은커녕 몸이 너무나 가벼운 게 아닌가. 벌떡 일어나 어제 미처 마무리하지 못했던 주방을 정리하고 내친김에 주방 베란다까지 싹 정리해놓았다. 압력솥에 밥을 올리고 시간을 살짝 늦되게 해서 눌은밥을 만들기로 했다. 밥은 보온 밥솥에 옮겨두고 압력솥의 바닥에 눌어붙은 구수한 누룽지를 다시 끓여 김장김치와 함께 먹으니 그렇게 꿀맛일 수가 없다.

항암 치료를 받는 동안 지인들이 옆에서 "체력이 좋은가 보네, 그래서 버틸 힘이 있나 보다"라고 이야기할 때마다 아니라며 고개를 저었는데 그렇지도 않은 것 같다. 애 셋 키우며, 직장 다니며 쌓아놓은 체력이 있긴 했나 보다. 그렇게 체력을 끌어다 써가며 열심히 김장을 했는데 다행히 아프지도 않아서 마무리까지 기분 좋게 끝낼 수 있었다.

이번 김장은 내게 김장 이상의 의미였다. 항암 치료를 시작하면서 암이 나로부터 앗아 가려는 게 무엇이든 절대로 빼앗기지 않겠다고 다짐했다. 아마 이번 김장도 마찬가지였을 것이다.

사람들은 어디 4기 암 환자가 겁도 없이 한두 포기도 아니고 100kg의 김장을 하느냐고 물을 테지만, 한번 해보고 싶었다. 해낼 수 있을지도 확인해보고 싶었다. 내가 암으로부터 잃지 않을 또 한 가지를 확인한 것이다. 일상의 그 무엇도 암 환자라는 이유만으로 쉽게 포기하고 싶지 않다.

그리고 나 혼자만을 위해서가 아니라 가족들이 1년 동안 든든하게 함께 즐길 음식이기도 하기에 더더욱 그만둘 수 없었다. 앞으로도 계속 내가 엄마로서 만드는 음식들을 가족들이 마음 편하고 따뜻하게 먹을 수 있게 된 것으로 오늘의 다짐은 이루어진 셈이다. 그렇게 나는 빼앗기는 것이 아니라 적응해 나갈 것이다. 그리고 그 안에서 내게 가능한 것들을 조심스럽지만 기분 좋게 성취하며 행복한 매일매일을 보내려 한다.

오늘의 기적 ✽

 암 진단을 받고 5개월이 흘렀다. 처음에 수시로 휘몰아치며 나를 덮치던 혼란스러움과 두려움이라는 파도는 이제 일상 속에서 잔잔하게 일렁이는 잔물결로 자리 잡은 듯하다. 여전히 망망대해에 몸을 맡기고 있는 기분이지만 불확실한 상황마저도 조금씩 적응하고 있는 중이고.

 내게 여명이 6개월이라 말했던 의사의 말대로라면, 나는 다음 달에 죽음을 맞을 수도 있다. 죽음의 그림자가 코앞까지 와 있는 상황에서도, 왜 이렇게 죽는다는 일이 비현실적으로 느껴지는지 모르겠다.

 5개월간 항암 치료를 받으면서 내 상태는 눈에 띄게 호전되고 있다. 처음 암 진단을 받았을 때만 해도 담도암 4기의 심각

성과 무서움을 숫자로만 들었을 뿐, 자세한 상황은 인지하지 못했다.

일단 첫 번째이자 제일 중요한 관문은 처음 맞는 항암제가 내게 적합한지 아닌지였다. 그나마 제일 통상적으로 쓰이는 항암제도 환자의 40% 이내에서만 효과를 나타낸다 하니, 일단 그 40% 안에 들어가야만 했다. 사용할 수 있는 항암제가 한정되어 있고, 만약 효과가 없을 때 대체할 만한 항암제의 선택지도 많지 않아서 잘 듣던 항암제라도 내성이 생겨버리면 더 이상 어찌할 수 없게 된다. 무엇보다, 호전되기를 희망하기보다는 암세포가 더 커지지 않고 유지만 되어도 감사해야 할 상황. 이런 불확실성 속에 내맡겨진 채 그저 첫 번째 항암 결과만을 기다렸다.

첫 CT 촬영 결과, 암세포가 눈에 띄게 줄어들어 다행히도 40% 안에 들어갈 수 있었다. 그리고 얼마 전 두 번째 CT 촬영 결과를 들었다. 이번에도 암세포가 좀 더 줄었다는 감사한 결과를 받아 들고 울컥했다.

신촌 세브란스병원에 처음 왔을 때 만났던 강창무 교수님을 4개월 만에 다시 만났다. 교수님은 항암 치료가 잘 진행되고 있다고 응원해주시며 수술도 가능하겠다고 하셨다. 심지어 내년 4월에 한 번 더 CT 촬영 결과를 확인하고 나서, 8월에 바로 수술을 하자며 날짜까지 잡아주셨다. 두려웠지만 끝까지 포기하지 않고, 긍정적인 마음으로 치료에 임했더니 좋은 결과까지 이어졌다.

많은 사람들에게 그렇겠지만, 나에게도 제주도는 힐링의 섬이다. 1년에도 몇 번씩 가는 제주도는 힘든 일상에 지칠 때 재충전 장소로 최적의 공간이었다.

며칠 전에 큰마음 먹고 남편과 다시 제주도를 다녀왔다. 밤하늘에 떠 있는 커다란 보름달을 발견하고는 신나서 함께 소원도 빌고, 맛있는 것도 먹었다. 해안 도로를 따라 드라이브를 하고 겨울답지 않게 따스한 볕을 받으며 산책하는 모든 시간들이 참 좋았다.

물론 맛집이라고 들어간 생선구이 가게에서 오래된 기름 전내 때문에 속이 울렁거려 밥을 거의 못 먹는 등의 소소한 사건들은 있었지만 크게 중요하게 여겨지지 않았다. 그저 편안한 기분으로 제주 바람을 들이마실 수 있는 것만으로 너무나도 소중한 시간이었다. 따스한 바람결이 그동안 애쓴 내 마음을 조용히 쓰다듬어주는 느낌이었다.

제주도 여행 마지막 날, 눈뜨자마자 열어본 브런치 플랫폼에서 27세의 위암 4기 환우가 쓴 글을 읽었다. 1, 2차 항암제에 내성이 생겨 자신에게 쓸 수 있는 마지막 항암제를 선택해야 하는 상황 앞에서 쓴 글이었다. 암세포가 계속 전이 중이며 통증 때문에 마약성 진통제를 맞지 않으면 안 되고, 구토를 반복하면서도 억지로 음식을 삼켜야 한다고 했다.

그럼에도 그녀 또한 삶에 대한 의지로 불타오르고 있었다. 같은 환우로서의 동질감, 그리고 그런 상황까지 가지 않은 오늘에 대한 안도감, 그녀의 투지에 대한 응원과 숙연함까지 다양한 감정이 한꺼번에 몰려왔다.

항암제의 약효가 발현되고 CT 촬영으로 효과를 확인하기까지 걸리는 시간 2개월. 첫 번째 항암제와 두 번째 항암제까지 효과가 없어 세 번째 항암제를 쓰다가 6개월을 채우지 못하고 세상을 떠나는 사람들이 허다하다. 심리적 두려움과 육체적 고통만을 남기고. 실제로 나보다 한 달 빨리 간암 4기를 진단받은 언니의 시매부님은 지난달에 돌아가셨다.

내게도 올 수 있었고, 또 어쩌면 내가 미래에 마주할지도 모를 상황이라고 생각하니 정신이 번쩍 들었다. 지금 내가 얼마나 감사해야 할 기적 속에 있는지 절절하게 다가왔다.

어쩌면 나는 지금까지 이미 여러 번의 기적을 마주했을지도 모르겠다. 오늘 하루치의 안온과 희망을 꿈꿀 수 있는 지금이 기적이 아니고 무엇일까. 또렷해진 희망 속에서 고요하고도 평범한 일상을 살 수 있는 이 순간이 내게는 바로 기적이다.

선물에 담긴 진심 ✽

 언니, 지난주 목요일 병원 다녀오고 나서부터는 계속 마음이 안 잡혀요. 매일 내가 할 수 있는 것을 하겠다고, 그것에만 집중하겠다고 마음먹어보지만 지금 제가 할 수 있는 것이 별로 없거든요. 일을 산발적으로 마구 벌려놓고 하나씩 해치울 때의 만족스러운 성취감을 참 즐겼었는데, 이제는 그것이 어떤 감각이었는지도 기억이 안 날 만큼 참 아득하게 느껴져요.

 개인의 성격이나 취향에 따라서 아픔을 이겨내는 방법은 다른 것 같은데, 저에게는 어떤 것이 가장 특효인지 아직 찾아내지 못한 것 같기도 하고요. 긍정적으로 생각하는 것이 가장 좋다지만, 달라지는 현실의 무게에 자꾸 짓눌리기만 하는 것 같아서 때때로 우울해지는 요즘이에요.

어제 새벽 늦게까지 잠을 못 이루다 3시가 넘어서야 잠에 들었나 봐요. 그럼 그 시간까지 뭘 했냐고요? 그냥 멍하니 생각했어요.

끝도 없는 생각.

생각.

생각.

뿌연 안개 같은 길에 이정표 하나 없이 조심스레 발을 내딛는 심정으로 그렇게 미래를 그리고 있어요. 언제나 명확하고 선명한 것을 좋아하는 저였기에 요즘 더 불안해지나 봐요.

조금 늦게 일어나서 설거지를 하면서 아침에 따뜻한 국이 먹고 싶어 콩나물국을 끓였어요. 신선한 야채를 많이 먹어야 하니 상추랑 알배추도 깨끗하게 씻어놓고, 냉동실에 대여섯 알 뒹굴고 있는 동그랑땡도 꺼내서 구웠어요. 가공식품이라 몸에 별로 좋지 않을 것 같지만 그래도 몇 개는 괜찮겠지, 하면서요.

아침을 먹다 또 생각이 이어졌어요. 가끔씩 암으로 인해 달라진 풍경이 확 와닿을 때가 있는데, 갑자기 그 순간에도 암의 존재가 선명하게 느껴지더라고요. 암은 늦은 밤 침대에도, 지금 이 식탁에도, 머릿속에도, 삶의 패턴 속에도 지긋지긋할 만큼 무지막지하게 거대한 존재로써 나를 집어삼키고 있구나.

그러다 또 생각을 차단해야지 싶어 휴대전화를 집어 드는데 우체국 택배가 도착했다는 알림이 뜨는 거예요. 따로 택배를 시킨 것이 없지만, 요즘 제 상황이 이렇다 보니 가끔씩 지인들이 선물을 보내주곤 해서 또 누가 선물을 보냈나 했어요. '뭐지?' 하며 숟가락을 내려놓고 바로 현관 앞에 가보았어요.

보낸 사람에 이진영이라는 이름이 보이더라고요. 며칠 전에 맛있는 망고도 보내줬는데 또 뭘 보냈을까 하며 박스를 열어 봤어요. 혹시나 깨질까 뽁뽁이 포장재로 여러 겹 돌돌 말아 정성스럽게 포장된 유리병 속에 무언가가 들어 있고, 작은 편지봉투도 보였어요.

언니, 저 알잖아요. 제가 무언가에 크게 감동받고 그러는 사람이 아니라는 거요. 수시로 오는 안부와 선물, 다들 걱정해주고 함께 나누려 해주는 것들이 참 고맙기는 해요. 그런데 그 와중에 넘치는 호의와 관심에 배가 불러서 그런 것인지, MBTI가 T라 그런 것인지 잠시 고맙고 나중에 어떻게든 보답해야지 하고 기억 속에 저장해놓고는 넘겨버리거든요.

아마 언니도 알 거예요. 제 스타일.

제게 잘해주려는 마음이 온전히 사랑과 나눔의 마음일 수도 있고, 일종의 채무감일 수도 있지요. 뭐 그것이 중요하지는 않지만 일단 제게 보내준 마음은 다 감사해요. 하지만 전 하나하나 깊이 헤아리고 진한 감동에 젖어 있고 그런 편이 아니어서….

그리고 무엇보다 처음 암 진단을 받았을 때 이어지던 연락들이 6개월이 지난 지금은 거의 없어진 것도 사실이고요. 시간이 흐르는 와중에 드문드문 보이는 제 모습이 생각 외로 잘 지내는 듯 보이기도 하고, 연락해서 물어보기가 조심스러운 것도 알지만 현격하게 줄어든 연락에 그러려니 하는 마음으로 넘어가려 해요.

어떤 면에서는 오히려 지금이 편하기도 해요. 과한 관심의 대상이 되는 것과 수시로 오는 연락에 일일이 괜찮다고 똑같은 말을 반복하며 응대하는 것이 조금 피곤하게 느껴질 때도 있었으니까요.

그런데요, 언니. 이런 제가 언니가 보내준 자몽청을 들고 서서 눈물 콧물 쏟으며 얼마나 한참을 울었는지 몰라요. 머릿속에는 '이 언니 요리 진짜 못하는데…' 하면서요. 1월 1일에 저를 생각하면서 만들었다며 작은 편지지에 적어놓은 마음도 너무 고맙고, 무엇보다 서툰 손길로 정성 들여 만든 자몽청이 제가 그동안 알고 있던 '선물'이라는 개념을 완전히 바꾸어놓은 것 같아요.

오늘 야간 근무라서 집에 있던 남편도 제가 우는 모습을 보고 많이 놀랐나 봐요. "진영 언니가 보내준 거야" 했더니, 눈물 닦으라고 티슈를 건네주며 옆에서 "진짜 좋은 사람이다. 진짜 좋은 사람이네"만 연신 내뱉고 있더라고요.

언니, 지난주 목요일 병원에서 진료를 본 교수님의 말이 아직도 귀에 청청히 울리는 느낌이에요.

"어차피 완치는 힘들어요."

종양내과 교수님이 이제 한 달에 한 번만 와서 면역 항암제만 맞으라고 하시더라고요. 두 번의 CT 결과 암 크기가 크게 줄었고 좋은 결과로 희망을 품고 있었는데, 이 중요한 시기에 잘 하고 있던 항암 치료를 이렇게 미온적으로 해도 되나 싶고, 왜 이러시나 싶어서 교수님께 물어보았어요. 그랬더니 저 말씀을 하시더라고요.

그래서 바로 따져 물었어요. "그럼 저는 어차피 몸 상태가 계속 안 좋아지고 상황이 악화된다는 걸 전제로 연명 치료만 하다 가야 하는 건가요?"

놀라고 답답한 마음에 아마 처음으로 교수님에게 조금은 공격적으로 물었던 것 같아요. 그랬더니 말을 많이 아끼시고는, 독한 항암제로 암세포뿐만 아니라 몸에 좋은 세포들도 함께 없어진 상태이니 당분간 면역 항암제만 투여하면서 경과를 좀 지켜보자고 하시더라고요. 그리고 2주 후에 잡혀 있던 CT를 앞당겨 찍고 가라 하셔서 찍고 왔어요.

여기저기 찾아보니 원래 8차 항암 치료(총 16회 항암) 이후에는 이런 선택이 통상적인 것 같더라고요. 어차피 첫 진단 받을 때 6개월이라고 이야기했었고 곧 황달에 복수까지 찰 것이라 했었는데 지금까지 잘 버티고 상태도 호전되고 있으니, 앞으로도 그래야지 마음먹으면서도 크게 믿었던 손을 하나 놓친 느낌이라 조금 더 아득하고 허망했던 것 같아요.

이 암이 그렇게 끈질기고 쉽지 않다는 걸 알면서…. 교수님 말의 무게에 그 어느 때보다 심하게 마음이 요동치는 가운데 그래도 재정비해서 다시 굳게 마음먹어야지 하고 있었어요. 바로 그때 제가 언니의 이 귀한 선물을 받게 된 것이죠.

어떻게 설명해야 할까요. 왜 며칠 전에 받은 망고와 자몽청은 이렇게나 다르게 느껴지는 것일까요.

언니, 저는 '정성'과 '진심'이라는 것이 이렇게 사람의 마음을 울리는지 몰랐어요. 그리고 다시 용기를 내게 하는 원료로써도 이만한 것이 없구나 새삼 느꼈어요.

요 며칠 정신없을 언니의 개인적인 상황을 제가 알고 있으니, 그 와중에 따로 챙겨 보내준 것도 그렇고 모든 것이 무엇보다 크고 힘센 위로와 격려로 다가와요. 그리고 언니의 그 꾸준함과 세심함에 다시 한번 탄복하며, 저도 언니 같은 사람이 되어야겠다 다짐했답니다.

고맙다는 싱거운 말로는 다 표현할 수 없지만, 제 삶에 이렇게 귀한 인연으로 함께해주어서 너무 감사해요. 오늘 언니의 따스한 마음이 제게는 오랜 시간 동안 마음에 꺼지지 않는 용기의 불씨가 될 것 같아요.

언니, 잘 먹을게요. 저, 힘낼게요! 사랑합니다.

더 열망하기 ✽

 항암 치료 중에도 내가 늘 희망을 꿈꿀 수 있었던 이유는 아마도 잇따른 좋은 결과들이 심리적 안정을 준 것이 가장 컸을 테고, 원래 긍정적으로 생각하고 어떤 상황에서든 좋은 면을 포착해내고자 하는 성격 또한 한 몫을 했을 테다. 게다가 좋아지는 몸 상태를 스스로 느낀 것에서도 도움을 받았을지 모르겠다. 남들은 이해할 수 없겠지만 지인들이나 친구들에게 "난 요즘 참 좋다"라고 말할 정도였으니.

 하지만 처음 암 진단 직후 '멘붕'과 절망 사이를 오가며 정신 줄을 제대로 잡지 못해 방황했던 며칠을 제외하고, 최근 요 며칠처럼 시시때때로 우울해지고 희망보다는 절망을 더 많이 떠올린 적은 없었다.

지난 화요일 병원을 다녀오고 나서 기분이 참 싱숭생숭했다. 피 검사를 비롯해 수치상으로 특별히 안 좋은 부분은 없었다. 외래 진료를 잘 보았냐는 종양내과 교수님의 물음에 나는 좋은 결과를 받은 성적표를 자랑스레 내놓는 마음으로, 외래 강창무 교수님이 '이대로만 간다면'이라는 전제가 붙기는 했으나 내년에 수술이 가능할 것 같다 하시며 수술 예약까지 잡아주셨다고 기분 좋게 이야기했다.

내 얘기를 들은 교수님은 살짝 뜸을 들이고는 림프관에 암세포들이 아직 남아 있어서 수술은 안 될 가능성이 크다고 이야기했다. 그리고 분명 지난번에는 앞으로 2주 간격으로 항암을 진행하자고 했었는데, 다음 주에 또 오라고 하는 것이었다. 기존의 젬시임젬시타빈+시스플라틴+임핀지 항암제가 아니라 앞으로 당분간은 면역 항암제인 임핀지만 투여하겠다고 했다. 내성이 생길까 염려되어서 그런 것일까? 갑작스러운 변화에 일정만 조율한 후 제대로 질문도 하지 못하고 진료실을 나와버렸다.

네이버 췌담도암 카페에 들어가니 아마도 이 방법이 최고의 결과를 이끌어내기 위해 의사들이 선택하는 수순인 듯했다. 하지만 결과는 그리 희망적이지만은 않았다. 젬시임 치료 시에 잘 줄어들던 암세포가 다시 커졌다는 사람도 있었고, 나처럼 큰 부작용 없이 잘 지내다가 갑자기 컨디션이 나빠졌다는 사람도 있었다.

덜컥 겁이 났다. 자세한 내용은 다음 주 진료를 받을 때 교수님에게 물어보아야 하겠지만, 또다시 마주한 메마르고 까칠하기만 한 현실의 민낯이 낱낱이 피부로 감각되기 시작했다.

'나는 언제 암세포가 더 커질지 모르는, 언제 다른 기관으로 전이될지 모르는, 언제 컨디션이 나빠질지 모르는, 암 중에서도 제일 끈질기고 무서운 암에 걸린 환자였지.'

오후에 계속 밀려드는 오심을 삼켜내며 다섯 시간 동안 항암 주사를 맞고 탈진한 채로 집으로 실려 왔다. 그리고 며칠이 흐르는 사이, 나는 때때로 많이 우울해지고 눈물도 많이 흘렸다. 암에 걸렸다는 말을 들었을 때도 억울함은 없었는데 왠지 모를 억울함도 차올랐다. 청소든 무엇이든 늘 해야 할 일을 찾아내는 나였는데 기분 탓인지 평소보다 몸은 더 무겁게 느껴졌고, 계속된 피로감에 잠만 쏟아졌다.

책도 눈에 들어오지 않아 유튜브를 뒤적거리다 세계적인 암 치료 권위자 김의신 박사님의 영상을 보게 되었다. 운동과 식습관 등 생활 습관에서부터 건강을 유지하거나 회복할 수 있는 다양한 방법들을 아주 쉽게 설명해주는 것도 좋았지만 무엇보다 마음가짐이 가장 중요하다는 말씀이 큰 힘이 되었다.

미국 사람들에게 "이 약을 써서 살 수 있는 확률이 1%입니다"라고 얘기하면 미국 사람들은 "아, 나도 살 수 있겠구나!" 하며 그렇게 행복해한단다. 그런데 우리나라 사람들은 1%라는 말을 들으면 "아, 나는 이제 죽었구나" 하며 초상집 분위기란다. 생각의 차이가 희망과 절망을 만들어낸다는 아주 중요한 예시였다.

다행히 며칠이 흐르는 동안 나의 긍정 마인드는 어느 정도 회복이 되었다. 그리고 병원을 다녀와서 머릿속을 헤집고 다녔던 부정적인 생각과 감정의 크기는 조금씩 줄어갔다.

언젠가 재미로 보는 MBTI 특징 중 '금지하면 미치는 것'이라는 글을 본 적이 있다. ENTJ는 '계획하기'였는데 그 말에 웃음이 터지면서 속으로 정확하다고 생각했다.

어렸을 적부터 별명이 '계획녀'였던 나는 늘 계획 속에서 살았다. 이룬 것도, 이루지 못한 것도 있었지만 계획 속에 있어야 뚜렷한 미래를 향해 나아간다는 설렘과 편안함을 가질 수 있었다. 그리고 그 계획들이 내 삶의 범주에서 꾸준함으로 자리 잡고 난 후에는 시간차는 있었지만 대부분의 계획을 이루어내기도 했다.

항암 과정에서 나를 시시때때로 우울하게 했던 요인 중 아주 큰 하나는 불확실해진 내 미래에 어떤 계획도 세울 수 없다는 것이었다. 이런 불확실성 속에서도 좋은 결과들을 연이어 마주하면서 조금씩 꿈꾸었던 일들이 요 며칠 사이 허황된 꿈처럼 여겨져서 우울함에 무게를 더했다.

 곰곰이 생각해보면 남들은 다 하는데 왜 나만 못 하나, 하는 억울함이 치받는다. 이쯤에서 내 성격 중 똥고집과도 유사한, 어떤 투지 비슷한 감정을 이용해 반드시 이루어내고 말겠다는 의지로 변환하기에 돌입해야겠다고 다짐해본다. 그리고 이 다짐을 막연함 속에 두지 않고 구체적으로 실천해 '꼭 이루고야 말 계획'으로 변경해보려 한다.

 그 계획 중 세 가지를 적어보겠다.

 첫 번째는 이탈리아 여행이다. 2025년은 남편과 나의 결혼 20주년이다. 일정을 잘 맞추어 느긋하게 프랑스와 이탈리아를 여행하기로 몇 년 전부터 약속을 했었는데 불가능해졌다. 요즘 한창 TV에서 방영 중인 프로그램 〈텐트 밖은 유럽〉 속 푸른 이탈리아 남부의 풍경을 넋이 나간 듯 쳐다보다가 문득 열이 받는다. 나는 왜 못 가냐고!

하지만 2025년이 아니더라도 이후에는 가능하게 만들면 된다. 언제가 되었든 가면 된다는 생각으로 다시 한번 다짐한다. 언젠가 에메랄드빛 바다에 직접 몸을 담그고, 신선한 올리브와 레몬과 젤라토를 입에 넣고, 현지인들의 느긋함을 내 눈으로 직접 담겠다고.

두 번째는 전원생활이다. 원래 다른 사람들의 삶에 큰 관심이 없었던 내가 요새 가장 즐겨 보는 것이 〈인간극장〉 레전드 편이다. 그들의 삶에서 큰 감동과 배움을 얻고 있다. 그리고 무엇보다 건강하고 행복하게 사는 단순한 진리들이 녹아 있는 영상들이라 볼 때마다 힐링된다.

인간극장에는 유난히 시골에서 농사를 지으며 사는 어르신들이 많이 출연하는데, 그들의 정직한 부지런함과 맑고도 소탈한 미소를 볼 때면 전원주택을 지어서 텃밭을 가꾸며 자연 속에서 더불어 살아야겠다는 의지가 강력해진다. 예전부터 바다가 보이는 산 귀퉁이 어느 곳에 예쁜 집을 지어 살고 싶었는데 머릿속에서는 벌써 그 꿈들이 구체화되고 있다.

이왕 이렇게 된 것, 자연주의 삶을 표방하는 헨리 데이비드 소로의 《월든》을 재독한다. 하지만 소로처럼 너무 소박하지만은 않게(적어도 음식 배달과 택배는 가능한 곳으로) 자연 속이지만 볕이 잘 드는 창을 갖추고 자그마한 벽난로가 있는 예쁜 서재를 갖춘 나만의 예쁜 '월든'을 꿈꿔본다. 물론 텃밭에서 여러 작물을 키워야 하고, 서리가 내리기 전에 깨를 털어야 한다는 걱정도 함께 따라오겠지만.

세 번째는 든든한 친정 엄마 되어주기다. 암 진단을 받고 나서 가장 걱정이 되었던 것 중 하나는 아이들에게 더 이상 편안한 보금자리 같은 엄마가 되어주지 못한다는 사실이었다.

여자들은 결혼해서 엄마를 참 많이 떠올리게 된다. 아무리 닮아보려 해도 막연했던 엄마의 삶이 내 삶과 겹쳐질 때, 그제야 엄마라는 이름의 무게를 경험하고 무한한 존경심과 애틋함이 배어 나오는 것이다.

며칠 전 인스타그램에서 짧은 영상을 보았다. 한 생명이 탄생한 것을 축하하는 자리였다. 처음 아이의 모습이 보이자 함께 있던 모두가 아이를 향해 함박웃음을 지으며 다가갔다. 단 한 사람만이 눈에 눈물을 글썽이며 아기를 지나쳐 침대에 누워 있는 산모의 머리를 쓰다듬으며 고생했다고 이야기했다. 친정 엄마였다.

그 짧은 영상을 보고 얼마나 울었는지 모른다. 언젠가 내 아이들이 누워 있을 침상에 유난히 서럽게 느껴질 공허만이 머무르게 할 수는 없다. 내가 꼭 그 자리에서 큰 존재감으로 아이들을 안아주어야지. 반드시 그렇게 하리라 다짐하면서 또다시 마음을 다잡는다.

"왜 살아야 하는지 아는 사람은 그 어떤 역경도 이겨낼 수 있다." 수없이 마음에 새긴 니체의 명문장을 다시 한번 뜨겁게 되새기며, 오늘도 내가 살아야 할 이유를 더 많이 찾아내고 더 선명하게 만들어간다.

아들의 생일 ✽

 어릴 적 학교를 마치고 집에 돌아가는 길에 적당한 크기의 돌멩이를 만날 때면, 그 돌멩이는 5분 남짓 걸리는 하굣길의 길동무가 되어주곤 했다. 운동화 앞코로 툭툭 차면서 집 대문 앞까지 데리고 가는 것이다.

 나는 초등학교 5학년 때까지 시골에서 자랐기 때문에 동네 대부분이 논밭이었다. 발끝의 강약 조절에 조금만 실패해도 내 길동무가 논두렁에 빠지기 일쑤였기에, 매번 하굣길에 새로운 길동무를 만날 때마다 다른 곳으로 보내지 않고 무사히 집까지 잘 데려가야겠다는 각오를 했었다.

 그런 다짐 끝에 어느 날부터인가 돌멩이에 작은 소망을 함께 담기 시작했다. 집으로 잘 데려가면 내일 쪽지 시험에서

100점을 맞을 거야. 무사히 함께 잘 도착하면 오늘은 아빠가 치킨을 사 올 거야. 밑도 끝도 없는 소망들이었다. 한 번이라도 소망이 이루어진 적이 있었는지는 기억이 나지 않는다. 사실 대문을 들어설 때 이미 소망 따위는 머릿속에 남아 있지 않았던 것 같다. 길동무와 함께 머나먼 여정을 잘 마쳤다는 기쁨만으로 충분했기 때문일까.

이런 어릴 적 습관 탓인지, 자꾸 무언가를 시작할 때나 어떤 상황이 벌어졌을 때 의미 부여를 하곤 한다. 요즘은 건강이나 안위와 관련된 바람으로 인해 의도치 않게 신파성을 띠곤 해서 스스로도 당혹스러울 때가 있다.

오늘은 우리 귀여운 막둥이 은우의 생일이다. 마침 어제 방학식도 했고, 생일날 방학이라는 선물까지 받은 막둥이의 얼굴은 아침부터 연신 싱글벙글이다.

본격적인 파티는 저녁에 하기로 하고, 은우가 제일 좋아해서 미리 주문해놓은 간장게장을 미역국과 함께 아침상에 내놓았더니 게 눈 감추듯 한 그릇 뚝딱 비우고 게딱지에 밥까지 싹싹 비벼 맛있게 먹는다. 감기 기운이 있다면서 아침부터 식욕도 참 야무지다.

우리 막둥이, 모든 모습이 참 예쁘다. 아이의 얼굴을 빤히 보고 있자니, 또 괜스레 눈물이 새어 나오기 시작해 등을 돌리고 설거지를 한다. 언제 이렇게 커서 벌써 6학년 형아가 되었을까. 내년에는 중학생이 될 텐데 교복 입은 멋진 모습도 내 눈에 담을 수 있겠지….

암 진단을 받고 나서 남편 생일, 내 생일, 은우의 생일을 맞았다. 3월에 큰딸 세연이 생일, 6월에 둘째 유진이의 생일이 기다리고 있다. 올해도 내년에도 함께할 수 있겠지.

생일, 그게 뭐라고. 매년 돌아오는 생일이고 특별할 것도 없지만, 이번이 내가 챙겨줄 수 있는 마지막 생일일지도 모른다는 생각이 머물 때면 어미의 마음은 지치지도 않고 매번 이리도 산산이 찢긴다.

아이들이 특별히 좋아하는 것들로 차려낸 따뜻한 밥 한 끼 먹이고 싶은 것이 엄마의 마음이다. 할 수만 있다면 오래오래 내 새끼들에게 따스운 밥을 해 먹이고 싶다. 이렇게 또 한 번 삶을 열망한다.

집에 있는 시간이 길어지면서 식물이든 무엇이든 좀 키워볼까 하는 생각을 했다. 다만 식물 키우기에는 영 젬병이라 혹시라도 죽이게 될까 겁이 나서 시작을 못 했다. 마지막 잎새처럼 또 되지도 않는 의미를 부여해놓고, 혹시라도 죽어가는 식물들을 보면 우울해질까 겁이 나기도 했다. 요즘 나는 너무 많은 것에 의미 부여를 하고 있는 듯하다. 식물들은 내 삶에 잠시 머물며 작은 기쁨만을 안겨주는 것으로 충분할 텐데.

눈에 예쁜 것도 좋지만 이왕이면 쓰임이 있는 걸로 키워보고 싶어서 요즘 자주 먹고 싶어지는 상추를 키워보기로 했다. 인터넷을 뒤져 채소 기르는 용도의 통을 큰 것으로 두 개 주문했다. 혹시 상추 농사에 실패할 경우 플랜 B인 고추 농사로 갈아타기 위해 깊은 통으로 주문했다.

집에서 제일 볕이 잘 드는 곳에 놓여 있던 턴테이블을 다른 곳으로 옮기고 화분들을 나란히 모셔두었다. 최고급 상토라는 흙도 주문해 받았다. 흙을 만져보니 감촉이 보송보송했다. 왠지 씨앗도 영양분을 듬뿍 머금고 잘 자라날 것 같다.

첫 화분에는 건조한 흙에 구멍을 조금씩 내고 씨앗을 서너 개씩 넣고 물을 주었다. 흙이 부드러워서 그런지 물을 머금으면서 흙과 씨앗이 한데 섞이는 느낌이라 어떻게 싹이 날지 예상이 안 되었다. 두 번째 화분에는 먼저 물을 충분히 부어 흙을 촉촉하게 만들어놓고 구멍을 팠다. 그리고 씨앗을 넣고 살살 흙을 덮어준 뒤 표면에만 물을 살짝 더 뿌려주니 안정감 있게 마무리되었다.

키우기 쉬운 편에 속하는 상추이니 적어도 절반은 살아서 싹을 틔우겠지. 뭐, 다 죽는다 해도 어쩔 수 없는 일이다. 내게는 고추 씨앗이 또 기다리고 있으니까. 고추가 안 되면 또 다른 것을 심으면 되고.

될 때까지 해볼 작정이다. 터무니없는 의미 부여 따위는 하지 않으려 한다. 상추는 상추일 뿐이고 돌멩이는 돌멩이일 뿐이다. 무엇이든 새롭게 시작하고 실패하면 또다시 시도하면 된다.

그렇게 연습하다가 몇 년 후에 전원주택으로 이사 가면 상추 정도는 쉽게 키울 수 있는 준비된 영농인이 되어 있겠지. 그때는 넓은 텃밭에서 여러 작물을 잘 키워서 더 신선한 재료로 더 정성스럽게 우리 아이들 밥상을 차려주어야지.

곤돌라 운행이 중단되었습니다 ✲

 확실히 내 성격이나 가치관의 일부가 암 진단 후로 바뀌긴 했다. 그 전에는 내게 영원의 시간이 주어져 있는 것처럼 일과 성장, 취미에 집중하며 가족과 함께하는 시간은 뒷전이었다면 지금은 그 무엇보다 가족들과 함께하는 시간을 조금이라도 늘리고 싶다. 순간순간이 소중하게 여겨진다. 이제야 삶에서 진짜 중요한 것이 무엇인지 깨닫게 된 것이다.

 매일의 일상도 소중하지만 새로운 곳에서 아이들과 함께 추억을 만들고 싶어서 방학맞이 가족 여행을 계획했다. 일단 울산에서는 귀하디 귀한 '눈'을 볼 수 있고, 온천욕을 즐길 수 있는 두 가지 조건을 다 만족시킬 수 있는 강원도와 무주 중에서 가까운 무주로 여행지를 정했다.

여행지를 고르고 주변 관광지와 맛집을 검색하면서도 이런 시간들이 새삼스럽게 다가왔다. 아마도 암을 진단받은 후 6개월이 지났기 때문일 것이다.

내가 너무 집착하는 것인지는 모르겠지만, 수시로 상기되는 6개월이라는 기간이 마치 훈장처럼 느껴진다. 내게 남은 시간이 6개월밖에 없을 거라는 이야기를 듣고나서부터 '더 버텨낼 수 있다' '아니다, 못하겠다' '몸 상태가 좋아졌다' '상태가 나빠질 것 같다' 등을 여러 번 번복하는 와중에 시간이 흘렀고, 나는 현재 6개월 이후의 하루하루를 살고 있다.

이런 시간들이 너무나 감사하게 느껴진다. 내게는 선물같이 주어진 하루, 또 하루다. 게다가 좋은 컨디션으로 여행까지 할 수 있다니 이 또한 얼마나 감사한 일인가.

날씨가 추우니 밖에서 다니기보다는 곤돌라를 타고 눈 구경을 좀 한 뒤 숙소로 가서 온천욕을 즐기는 코스로 간단히 계획을 세웠다. 가벼운 마음으로 출발해 무주로 향하는 길에 전화가 왔다. 세브란스 간암 센터였다. 밀폐된 차 안에 벨소리가 우렁차게 울려 퍼졌고, 나는 놀란 가슴으로 다시 한번 휴대전화에 찍혀 있는 발신처를 눈으로 읽어보았다.

잠깐 사이에 오만가지 생각이 다 들었다. 왜 전화했을까? 다음 진료는 다음 주 월요일인데? 내 상태가 갑자기 나빠진 것도 아닌데? 지난번에 찍고 온 세 번째 CT 결과가 안 좋게 나왔나? 지금 병원을 오라는 건가?

이 장면이 영화나 드라마 속에서 나왔다면 갑갑해서 욕부터 했을 것이다. 일단 전화를 받아서 물어보면 될 것을. 혼자 이리저리 머리를 굴려가며 맞지도 않을 추측들을 하고 온갖 상황을 생각해보냐면서.

그 순간 나를 지배했던 감정은 두려움이었던 것 같다. 두려움을 맞닥뜨리기까지 몇 초라도 마음을 안정시킬 시간이 필요했는지도 모르겠다.

"여보세요?"

"네, 안녕하세요. 여기 세브란스 종양내과 최혜진 교수님 간호사인데요. 박주혜 환자분 맞으시죠?"

"네, 왜 그러세요?"

"강창무 교수님과 최혜진 교수님께서 세 번째 CT 결과를 보시고 수술 관련해서 회의를 하셨는데 결과 안내해드리려고요. 수술 전 방사선 치료를 하시기로 예약이 되어 있는데 방사선 치료는 안 해도 된다는 결론이 나서, 다음 주 예약하신 방사선 치료는 취소해드리겠습니다."

"왜요? 방사선 치료는 안 해도 된다는 말씀이신 거예요? 그럼 향후 제 치료 일정은 어떻게 되나요?"

"두 분이 회의하시기로는 현재 항암이 잘 진행되고 있고 림프관 쪽 암세포도 거의 없어져서 계획했던 대로 8월 20일에 로봇 수술을 진행할 예정이에요. 방사선이 지금 상황에서는 크게 도움 되지 않을 것 같다고 결론을 내리셨어요. 7월까지 항암 치료만 꾸준히 하시면 됩니다."

"그럼 제가 8월에 수술을 할 수 있다는 말씀이세요?"

"네, 네."

"아, 감사합니다!"

수술을 못 할 수도 있다는 이야기를 들은 이후로 몇 번이나 가슴이 무너졌는지 모른다. 그런데 교수님 두 분이서 수술이 가능하고 그 방법이 최선이라고 결정을 내렸다니. 믿기지 않는 소식에 암 진단을 받은 후 처음으로 기뻐서 소리를 지를 뻔했다. 고난 속에서 찾아낸 희망은 이렇게나 유난히 반짝인다.

여행의 시작점에서 너무너무 기쁜 소식을 듣고, 우리 가족은 신나게 무주로 향했다. 무주로 향하는 동안 남편은 케케묵은 옛날 일이며 오만가지 이야기를 쉴 새 없이 떠들어댔다.

20년을 넘게 알고 지낸 사람인데, 남편이 그렇게 말을 많이 할 줄 아는 사람인지 몰랐다. 나만큼이나 신난 남편의 모습에 여행지로 가는 마음은 한결 더 가벼워져 있었다.

무주 맛집이라는 '금강식당'에서 어죽을 한 그릇씩 먹고 예약해놓은 곤돌라 탑승장으로 향했다. 멀리서 보기에도 줄이 어마어마하게 길게 이어져 있어서 왜 이렇게 줄이 긴가 하고 탑승장 근처로 갔더니, 현재 곤돌라 작동이 멈춘 상태고 임시 점검 중이란다. 안 그래도 남편은 무주 곤돌라가 오래되어서 며칠 전에도 운행이 멈추었고 탑승해 있던 사람들이 한 시간 정도 갇혀 있었다고 말했다.

그 얘기를 듣는 순간, 나는 1초의 망설임도 없이 눈놀이나 하다 가자고 제안했다. 우리 가족은 길게 늘어선 곤돌라 줄에 서는 대신 스키장 쪽으로 발길을 돌려, 울산에서는 참 영접하기 힘든 눈을 두 눈에 듬뿍듬뿍 담았다. 조그만 눈 뭉치를 만들어 서로에게 던지며 눈싸움도 했다. 뭉칠 눈이 많지 않았고, 장갑도 준비하지 않은 채였지만 마냥 즐거웠다.

그렇게 한참을 신나게 놀고 있는데 스키장에 안내 방송이 울려 퍼졌다. "죄송합니다. 오늘 곤돌라 운행은 중단되었습니다." 안내 방송을 듣고 나는 마음속으로 생각했다. '괜찮아요.

죄송할 필요 없어요. 저는 지금 곤돌라가 중요한 것이 아니거 든요.'

아이들도 곤돌라가 운행을 하는지 안 하는지는 중요하지 않은가 보다. 어느새 저쪽 멀리까지 눈싸움하면서 가더니 한 번도 사람 손이 닿지 않은 곳에 눈이 많이 쌓은 것을 발견하고 신나게 놀고 있었다.

추위 속에 오랜 시간 곤돌라를 타기 위해 줄 서 있던 사람들이 굳은 표정으로 주차장으로 향하는 것이 보였다. 그들과 대비되는 우리 아이들의 신나는 웃음소리가 귓가에 번지며 나는 생각했다. '참 행복하다. 지금 이 순간의 행복이 또 오랫동안 내 기억 속에 각인되겠구나.'

숙소로 가는 길에 오전의 통화 내역을 다시 한번 보았다. 언젠가부터 통화를 하고 나면 AI가 통화 내용을 요약해주는데, 요약된 내용이 너무 참신하고 웃겨서 웃음이 나왔다.

"방사선 취소 대작전."

이것을 다음 글 제목으로 써야 하나. 이런 귀엽고 센스 넘치는 AI를 보았나.

곤돌라는 못 탔지만 기다리지 않고 모두 다 같이 즐겁게 시간을 보냈고, 주 목적인 눈을 보고 노는 것은 이미 충분히 즐겼으니 이 또한 기쁘지 아니한가. 오후의 따뜻한 햇살을 받으며 숙소로 향하는 차 안에서 내 마음은 마냥 행복하고 너그러워져 있었다.

몽쉘통통   *

막둥이 은우가 세 살이 될 때 시작한 청소업이 벌써 햇수로 10년이다. 이제 학원 운영으로까지 이어지고 있으니 지금 내 '본캐'는 직장인이라 볼 수 있다.

첫째와 둘째를 키우면서는 재택근무로 집에서 아르바이트를 하기도 했고, 친구가 운영하는 어린이집에서 잠시 교사로 일하기도 했지만 단기로 했기 때문에 그 시절의 내 본캐는 가정주부였다.

첫째 세연이가 초등학교에 입학할 즈음에 아이가 학교에서 적응은 잘할지, 친구들은 잘 사귈 수 있을지 온갖 걱정과 불안감에 휩싸였다. 저학년 아이의 친구는 엄마가 만들어주어야 한다는 말을 들었던 터라, 누군가의 부지런함으로 만들어진 엄마들의 모임에 참가해서 최대한 좋은 이미지로 비치기 위해 애썼다.

그때 우리 가족이 살고 있던 아파트는 3,000세대로 이루어진 대단지라 아이들이 다니는 초등학교의 학생들은 거의 90%가 같은 아파트에 거주했다. 대단지 아파트답게 말도 많고 유별난 사람들이 많았는데, 지금은 학교에서 어머니회를 만들거나 모임 하는 것 자체를 금하지만 그때는 이런 교칙이 만들어지기 전이었다. 나처럼 첫아이를 입학시킨 경우가 많았던 우리 반의 엄마들은 아이들에게 새 친구 찾아주기에 여념이 없었고, 서로 목적이 같았기 때문에 일은 쉽게 진행되었다.

다행히 나는 외향적인 성향을 십분 발휘해 첫 모임부터 많은 엄마들을 사귀게 되었고, 집으로 아이들과 함께 초대를 했다. 하지만 학교생활이 계속 이어지면서 엄마들 사이에서도 성향이 맞는 사람과 그렇지 않은 사람이 점차 갈렸고, 아이들 역시 엄마들이 엮어준 친구보다는 자기들의 성향에 맞는 단짝이 생겼다.

역시 엄마들이 치맛바람으로 거들지 않아도 아이들은 알아서 자기 자리를 찾으며 커갔고, 초보 엄마들의 기우는 그렇게 조용히 사그라들었다.

목적을 잃은 모임은 흐지부지될 수밖에 없는 법. 원래 목적 없이 어울리며 다니는 것을 좋아하지도 않았지만, 사실 이 모임은 혼자 책 보고 하루에 해야 할 일들을 시간에 맞게 처리하는 내 삶의 패턴 속에 갑자기 끼어든 것이었다. 시간 맞는 엄마들끼리 함께 모여 커피를 마시다가도 그 자리에 함께하지 않은 사람의 험담을 하고 아이들의 예절, 교육, 태도 문제를 입에 올리고 심지어 다른 집의 부부 관계까지 관심을 보이는 모임이 불편해지기 시작했다. 하릴없이 남 이야기, 연예인 이야기를 하면서 서너 시간씩 죽치고 있는 그 모임에서 보내는 시간이 참 아깝게 느껴졌다.

아이들 등원시키고 나면 카카오톡 단체방에 "오늘은 어느 집에 가서 커피 마실래?" 하는 연락이 계속되고, 오전에 만나서 몇 시간씩 수다를 떨어놓고도 저녁에 카톡을 확인하면 300개 넘는 메시지가 쌓여 있었다. 심지어 어느 엄마의 아이가 예방 접종을 해야 한다고 하니 함께 있던 엄마들 세 명이 함께 보건소로 따라가는 모습도 보았다.

물론 같은 관심사로 모인 새로운 사람들이 생활에 활력을 가져다준다는 사실은 이해하지만, 정도를 넘어섰다는 생각에 피로해졌다. '이 사람들은 따로 교류하는 사람들이 없나? 사람이 너무 그리웠나?' 싶기도 했다. 어느새인가부터는 메시지도 읽지 않았고 모임도 이런저런 핑계로 빠지기 시작했다.

어느 날 모임 멤버 중 개인적으로 얘기도 많이 나누었고 아이들끼리도 단짝인 소현 엄마에게서 카톡이 왔다.

"언니, 여기 모임 계속 안 나오실 거예요?"

"왜? 내일이나 한번 들르지 뭐. 원래 나는 혼자 있는 거 좋아하긴 해. 집에 할 일도 많고."

"지은 언니가 자꾸 언니 이야기를 하더라고요…."

"최근에 그 언니랑 연락한 적도 없는데? 왜, 무슨 이야기를 하길래?"

"아…. 그냥 좀 안 좋은 이야기요."

"그 언니가 나에 대해 뭘 알아서?"

"언니가 자꾸 자기가 불러도 안 나오고 맨날 책 읽는다 하고 잘난 척 잘하는 사람 같다고."

"그래? 그 언니한테는 내가 그렇게 느껴졌구나."

"내일 모임에 나올 거죠? 오해도 좀 풀고."

"아니, 이제 그 모임 안 나갈 거야. 오해는 무슨. 나를 그렇게 생각하는 건 자유인데 뭐라 그럴 거야. 그리고 같이 모이는 사람들도 그 언니 말만 듣고 나를 그렇게 판단한다면, 거기다 대고 무슨 변명을 하고 오해를 풀어. 그냥 안 보면 되지."

　괜히 말을 전했다 싶은 동생은 안절부절못했다. 사실 나도 관계가 이런 식으로 끊기는 것이 다소 불편하긴 했으나, 지은 언니의 마음에 들기 위해 살랑거리는 짓은 절대로 하고 싶지 않았다. 그럴 이유도 없었고.

　돌이켜보니 나이가 제일 많아 대장 격이었던 지은 언니가 처음부터 유독 나를 예뻐하긴 했었다. 알고 지낸 지 얼마 되지도 않은 내게 집안일부터 소소한 모든 것을 알려주고 싶어 했고 공유하고 싶어 했다. 원래 누군가의 삶을 궁금해하는 성격이 아니라, 계속된 개인의 내밀한 이야기들이 조금 피로해지기 시작했고, 나름대로 예의를 갖추어 소금씩 선을 그었다.

　나는 나도 모르는 사이에, 마치 미시마 유키오의 소설 《금각사》처럼 그 언니에게 가질 수 없으면 파괴하고 싶어지는 존재가 된 모양이었다. 특별히 내게만 그런 비밀스러운 얘기를 전달했을 텐데 딱히 고마워하지도, 흥미로워하지도 않으니 그 과정에서 느낀 서운함이 미움으로 변질되었을 수도 있겠다 싶었다. 그래도 어쩌겠는가. 상대에게 맞추기 위해 내가 삶의 피로를 자처할 수는 없지 않은가.

이후 그 언니가 나만 쏙 빼놓고 나머지 동생들을 다 초대해서 대게 파티를 열었다는 이야기를 들었다. 대게 먹으러 가면서 나한테 미안한 마음이 들어 연락했다는 소현 엄마의 마음 또한 이해가 가면서도, 굳이 전달하지 않았으면 나는 그들이 대게 파티를 하든 꽃게랑 파티를 하든 모르고 넘어갔을 텐데 하며 마음에 찝찝한 얼룩을 남겼다.

별로 궁금하지도 않지만 언제나 알아서 전달해주는 소식통 소현 엄마에 의하면, 내가 그렇게 모임을 나간 이후 이간질과 소소한 오해, 다툼이 계속되면서 멤버들이 서로 소원해졌다고 한다. 그리고 그 주범인 지은 언니는 2단지로 이사 간 후 거기서도 비슷한 모임을 만들었다가 종국에는 본인이 왕따가 되어 지금은 아예 단지를 떠났다는 이야기를 들었다. 초등학생들이나 엄마들이나 하는 행동이 비슷하니 실소가 나오지 않을 수 없다.

그래서 둘째 때부터는 일을 하느라 바쁘기도 했지만, 일부러 엄마들의 모임에 참여하려 애쓰지 않았다. 그래도 학교 소식통은 있어야 하지 않냐는 오지랖 넓은 주변 엄마들의 충고에도 "전 그냥 궁금한 거 있으면 선생님께 직접 물어볼게요" 하고 말았다. 그리고 그것이 가장 정확하고 간편한 방법이라 지금까지도 그 방법을 고수하고 있다. 아이 셋을 키워보니, 실제로 아이만 학교생활을 성실하게 잘하면 궁금할 것도 별로 없다.

그러던 어느 날, 세연이 엄마가 청소하러 다닌다는 말이 돌았다는 것을 알게 되었다. 세연이 반 친구가 "우리 엄마가 그러던데 너네 엄마 청소한다며? 니 안 쪽팔리냐?" 하고 말했단다.

하긴, 커다란 빗자루를 든 토끼(업체명이 '청소하는 토끼'였다)가 그려진 핫핑크색 도안을 스타렉스에 전체 래핑으로 붙이고 다녔으니 눈에 띄는 차에서 타고 내리는 나를 못 알아보았을 리 없다. 더럽고 힘든 일을 하는 나를 두고, 편안하게 커피를 홀짝이며 둘러앉아 어쭙잖은 우월감에 도취되어 다들 신났겠구나 하는 생각이 들었다. 아이들은 고맙게도 창피해하기는커녕 엄마가 청소 업체를 운영하며 귀엽고 예쁜(핫핑크로 하길 잘했다) 토끼 차를 타고 다니는 것을 자랑스럽게 생각했다.

사실 그때 너무 바빠서 다른 일들에 신경 쓸 틈도 없었다. 그들은 불쌍한 눈으로 나를 보았을지 모르지만 나는 조금씩 자리 잡혀가는 업체에 자부심을 느꼈다. 새로운 청소 방법을 하나씩 알아갈 때 진정으로 행복했다. 아이들 돌보고 집안일도 겸하면서 미친 듯이 업체를 키워나간 덕분에, 꼼꼼한 엄마들 사이에서 "청소 맡겨야 하는데" 하고 말할 때 가장 먼저 거론

되는 유명한 업체로 거듭났다.

작은 청소 업체에서 시작해 청소뿐만 아니라 새집 증후군, 줄눈, 연마, 코팅 등 입주 품목을 아우르는 큰 업체가 되었고, 3년 동안 준비한 청소 기술 전문 학원을 고용노동부에서 승인받아 청소 기술 학원도 함께 운영하게 되었다. 그리고 청소 업체를 운영하면서 고군분투했던 이야기와 현장의 에피소드들을 엮은 직업 에세이도 한 권 출간했다.

늘 내 몸은 일터에 있었던 것처럼 느껴지지만 그 과정에서 차도 바뀌고 집도 바뀌었다. 아이들이 마음껏 뛰어놀도록 옆 동의 1층, 좀 더 큰 평수로 옮겼다. 그 모든 것을 그들이 몰랐을 리는 없었을 것이다. 누구보다도 남 일에 관심이 많은 사람들이고 멤버 중 하나인 소현 엄마는 여전히 가끔씩이라도 연락하고 지냈으니까.

실제로 그들 중에서 때때로 아르바이트를 하고 싶다고 연락 오는 사람도 있었고, 친정 엄마나 친구가 이사를 하는데 좀 싸게 해달라는 사람들도 있었다. 하지만 더 이상 세연이를 통해서 들리는 소식은 없었다. 친구 중 그 누구도 "너네 엄마 청소 학원 원장이라며? 쪽팔리지 않아?"라고 물을 아이는 없었을 테니까. 여전히 가정주부인 그 아이의 엄마도 더러운 집을 청소하던 세연이 엄마가 이제는 학원 원장님이 되었다는 사실을 자기 아이에게 말하고 싶지 않았을 것이다.

처음 암에 걸린 것을 알았을 때 주변 사람들에게 사실을 일일이 알리지 않았다. 삶의 과정 중에 자연스러운 연락으로 알면 된다고 생각했다. 어떤 마지막이 기다릴지는 모르겠으나 그때까지 모른다면 그것은 몰라도 되는 관계일 듯싶기도 했다.

얼마 전에 소현 엄마로부터 오랜만에 안부 인사가 왔다. 통화를 하게 되었으니 당연히 지금 내 상황을 전할 수밖에 없었고, 다른 사람들과 비슷한 반응이 돌아왔다. 암 소식을 알리고도 뒤가 찝찝하긴 했다. 말하기를 워낙 좋아하는 친구이니 무료하던 일상에 이런 빅 뉴스를 어찌 자신의 입속에만 품고 있으랴.

아니나 다를까, 몇 주가 지나고 소현 엄마로부터 카톡이 왔다. 모임 멤버들 중 일부가 나를 꼭 한번 보고 싶단다. 단호한 면이 있었던 나는 암 진단 후 내 삶에 부정적인 에너지나 피로감을 줄 것 같은 만남들은 단칼에 거절했었다.

하지만 인생 참 알 수 없다. 절대로 그들과 또 다른 인연을 만들 일은 없을 것이라 생각했는데 신박한 글감이 떠오르지 않아 머리를 싸매던 요즘, 왠지 괜찮은 글감을 만날 수 있을 것 같은 기대감이 들어 수락했다. 새로운 에피소드를 만들어야겠다는 절박함이 만남을 성사시킨 것이다.

나와 삶의 가치관이 다르고 생각의 결이 다른 사람들의 위로도 한 번쯤은 받아보고 싶었다. 그 오랜 세월 속에서 갖은 풍파를 겪으면서도 아직까지 모임이 해체되지 않고 끈끈하게 연락하고 지내는 그들에게도 그들만의 의리가 있을 테니 직접 보고 싶기도 했다. 하지만 약속을 잡으면서도 진심 어린 위로는 기대하지 않았다.

당일, 점심식사를 하기에는 부담이 되어서 2시 정도에 집으로 초대했다. 미리 준비한 딸기와 샤인머스캣을 씻어놓고 찻잔도 윤이 나게 닦아놓았다. 벨이 울리고 문이 열렸다.

투병 소식을 듣고 처음으로 마주한 나의 모습에, 그들의 얼굴에는 당황스러움이 그대로 묻어났다. 담도암 4기에 대해 분명히 검색해보고 왔을 테니까. 다 죽어가는 기력 없는 사람 대신 멀쩡하고 건강해 보이는 사람이 웃으며 맞아주니 적잖이 당황스러웠을 것이다.

그들은 "와, 세연 엄마. 얼굴 좋네요! 너무 좋다. 다행이네" 하며 부산스럽게 집 안으로 들어왔다. 그러고는 모두 약속이

나 한 것처럼 집을 둘러보기 시작했다. 병문안 왔다는 말과 함께. 그럼 그렇지, 역시 사람은 변하지 않는구나.

작년 여름에 집 전체를 리모델링했다. 두 달여 동안 근처 친정 엄마 집에 머물며 10년 정도 된 아파트 내부를 구조까지 싹 뜯어고쳤다. 그래서 같은 아파트라도 우리 집에 들어오면 다른 아파트 같다고들 이야기한다. 자신들이 살고 있던 집 구조와 크게 달라 보여 더 관심이 갔을 것이다.

막둥이가 태어나기 전, 그러니까 내가 그들과 교류하던 시절에 나는 34평에서 살았고, 그들 대부분은 53평에 살았다. 그때는 내게 이런 말들을 했었다. "그래도 세연 엄마는 감각이 있어서 인테리어 예쁘게 해놓고 살잖아." "그래, 맞아. 소파는 우리 집보다 더 좋은 거네." 그들 딴에는 우월감에서 비롯된 위로의 말이었을까? 그때도 나는 50평대에 사는 그들이 부럽지 않았고, 위로의 말을 기대한 적도 없는데 자신들은 30평대에 사는 내가 불쌍해 보였나 보다.

집에 들어선 순간, 그들 머릿속에서 오늘의 방문 목적은 눈처럼 녹아 없어진 듯했다. 마치 부동산에서 집 보러 온 사람들처럼 내 동의도 없이 집을 둘러보기 시작했다. 차는 어떤 것으로 마실지 물어보아도 카페 직원에게 대답하듯 메뉴를 하나씩 말하고 다시 집 구경하기에 여념이 없었다. 예약한 숙소를 둘러보는 것처럼 안방 문을 열어젖히는 사람도 있었다. 그나마 안방에 들어가서 침대에 앉아보지 않은 것이 감사하게 여겨질 정도였다. 드레스룸, 아이들 방, 화장실, 세탁실, 베란다까지 확인하고 나서는 주방 소품부터 냉장고, 향수, 현관 입구에 걸린 그림까지 입들을 대기 시작했다.

집 구경이 어느 정도 끝났는지, 그중 한 명이 손에 들려 있던 '몽쉘통통' 한 박스를 내게 내밀었다. 순간 매우 당황스러웠다. 이건 무엇일까.

과일이 제일 무난하겠지만 음료도 아니고 화장지도 아니고, 이 몽쉘통통은 무엇일까. 빈손으로 오긴 그래서 집에 있는 것을 그냥 들고 왔나? 차라리 초코파이를 사 왔으면 광고 문구처럼 정情이라고 받아들이기라도 했을 텐데…. 케케묵긴 했지만 지난 오해에 대한 사과와 4기 암 환자의 병문안이 목적이었다면, 저들 중에 조금씩이라도 돈을 걷어서 뭐라도 사가자고 이야기한 사람은 아무도 없었을까.

성의로 받아들이기에는 너무나도 애매한 이 12개들이 몽쉘통통 한 박스에 잠시 동안 수많은 생각이 오갔다. 그리고 결론이 내려졌다. 이 사람들도 오늘의 만남이 일회성으로 끝날 것이라고 생각했구나. 병문안을 명분 삼아 리모델링한 집도 보고, 마음의 부채감을 떨쳐내려는 것이었구나.

역시 세월이 흘러도 사람은 변하지 않는다. 두 시간 남짓 알맹이 없고 진심에 가닿지도 못할 싱거운 이야기들이 오고 가다가 슬슬 피로감이 몰려올 때쯤, 나는 친정 엄마가 집에 오기로 했다며 일찍 자리를 파했다. 앞으로 연락하면서 지내자는 기약 없는 말을 내뱉으며 그들은 그렇게 사라졌다.

언제, 누구에게 투병 사실을 알려야 할지 몰라 당황했던 어느 날, 인스타그램에 담담하게 현재의 내 상황을 설명하는 글을 올렸었다. 볼 사람은 보고, 전해 들을 사람은 듣겠지 하는 심정으로.

그때 3년 넘게 개인적인 연락이 없었던 한 친구의 카톡을 받았다. 그녀는 남이 잘되면 배 아파 하고 못되면 고소하다고 생각하는 부류였다. 메시지를 읽어보니 겉으로는 걱정하는 내용이었지만, 왠지 모르게 들떠 있다는 느낌이 들었다. '얘는 지금 내 상황에 왜 기뻐하는 것 같지? 오랜 시간 동안 연락 한번 없더니 이런 일로라도 먼저 연락 온 것을 반갑고 고맙게 받아들여야 하는 건가?'

어디선가 보았던 릴스의 내용이 떠올랐다. "내가 성공했을 때 손뼉 쳐줄 친구는 진짜 소수예요. 그런데 망했다는 소리를 들으면 그렇게 연락들을 해요. 나오라고, 국밥 한 그릇 사준다고." 내 촉은 그녀를 완전히 밀어내고 있었다. 나는 답장도 하지 않았고, 이후 친구 목록에서 그 친구를 지워냈다.

몽쉘통통과 함께 온 손님들에게서 그 친구와 비슷한 느낌을 받았다. 남의 불행으로 자신의 평안함을 마주하고 행복과 만족감을 찾으려는 사람들.

내 불행으로 어쭙잖은 만족감을 얻었다면, 이 생에 당신들과의 인연 속에서 내 쓸모는 그렇게 마무리하는 것으로 합시다. 덕분에 소중한 에피소드를 얻어 글 하나를 완성해냈으니 저 또한 당신들에게 감사하네요.

나를 살게 하는 말 ✲

 날이 조금 풀린 것 같아, 오늘은 좀 걸어볼까 싶어 운동화를 신고 밖으로 나갔다. 비 소식이 있었는데 아직인가 보다. 축축한 공기에서 비 내음이 살짝 묻어나는 것 같아 집 앞 산책로만 가볍게 걷기로 했다. 하늘을 올려다보았다. 당장이라도 빗방울이 떨어질 것 같은 멀겋고 부연 하늘.
 "딱 재첩국이네."

 재첩국 하면 자연스레 어떤 목소리가 기억 너머에서 들려온다. "재첩국 사이소, 재첩국 사이소."
 지금은 감천문화마을로 유명해진 부산 사하구 감천동이 내 고향이다. 일주일에 한두 번 재첩국 아줌마가 동네 구석구석을 돌며 재첩국을 팔러 다녔다. 새벽 6시쯤, 재첩국 색깔처럼 희뿌연 이른 새벽 공기 속을 뚫고 나오는 그 청량한 외침은 내 단잠을 깨우는 방해꾼이었다.

하지만 엄마는 재첩국 아줌마를 기다렸나 보다. 부리나케 부엌에서 냄비를 들고 현관문을 열며 재첩국 아줌마를 부르는 소리가 들렸다. 부산스러운 소리에 짜증을 내며 몸을 뒤척이면서도 '오늘 아침 밥상 위에는 부추 몇 조각이 둥둥 떠 있는 뽀얀 재첩국이 올라오겠구나' 하는 기대와 함께 다시 달콤한 아침잠에 빠졌다.

평생 4남매의 밥상에 국을 한 번도 빠뜨리지 않았던 엄마는 일주일에 한 번씩 그 재첩국으로 아침상을 차렸다. 새벽녘이면 곤로에 불을 붙이는 딸깍 소리, 불 붙은 곤로에서 풍기는 비릿한 석유 냄새, 쌀 씻는 소리, 구수한 밥 끓는 냄새, 달그락거리는 그릇 소리…. 행여나 아이들이 잠에서 깰까 조심조심 아침 밥상을 차리는 엄마의 행동이 그려지는 그 소리들을 떠올리면 마음이 한없이 포근해지면서 엄마의 젊은 날이 떠올라 괜스레 코끝이 시큰해진다.

지금도 물기를 잔뜩 머금은 희뿌연 하늘을 볼 때면 말갛고 뽀얀 재첩국이 떠오른다. 연이어 엄마의 따스한 마음길, 손길로 차린 밥상과 주름 하나 없던 엄마의 얼굴도. 그렇게 내 어린 시절은 소리를, 향기를, 맛을 따라 함께 온다.

예쁘고 건강했던 우리 엄마는 올해 76세가 되었다. 키 150cm의 자그마한 엄마가 그때는 내가 감각하는 세상의 전부였다. 삶을 살아가는 방법을 가르쳐주고 모든 것을 안을 만큼 넉넉한 품을 가진 우리 엄마. 마흔여섯이 된 나는 지금도 한 번씩 그런 생각을 한다. 엄마가 우리 엄마라서 참 다행이라고.

그랬던 엄마는 요즘 숨 쉬는 것조차 힘들어한다. 조금만 걸어도 숨이 차고 정자세로 잠을 자다 숨이 가빠져서 자세를 바꾸곤 한다. 심장이 안 좋아 약을 복용하면서 심장 수술까지 고려하고 있었다.

그런 이야기가 오가던 중 내가 암 진단을 받았고, 엄마는 지금 당신이 문제가 아니라며 내 몸부터 돌보라고 한다. 짧은 거리를 걷기에도 힘에 부치던 엄마가 요즘은 건강과 수명을 관할하는 약사여래불을 찾아 절 꼭대기까지 곧잘 올라가는 것을 볼 때면 정신이 육체를 이긴다는 말이 실감 난다.

어쩌면 혼자 있을 때는 힘들어하면서 내가 볼 때만 걱정할까 봐 무리해서 괜찮은 척을 하고 있는 건 아닌가 하는 생각도 든다. 하긴, 그것은 나도 마찬가지다. 엄마가 집에 오거나 엄마를 만나야 하는 날이면 좋지 않은 컨디션을 숨기기 위해 남은 에너지를 비틀어 짜낼 때가 있으니까. 엄마랑 헤어지고 나면 바람 빠진 풍선처럼 짜부러져서 잠에 빠져들곤 한다. 그렇게 엄마도, 나도 서로에게 걱정 끼치지 않기 위해서 정신력을 단련하고 있는 느낌이다.

요즘도 엄마는 언제나 새벽 4시경에 일어나서 부처님께 기도를 드린다. 문득 "긴 병에 효자 없다"라는 말이 떠오른다. 처음 내가 암 진단을 받았을 때 건네온 수많은 위로와 염려와 기도들이 요즘은 조용해졌다. 피를 나눈 부모와 자식 간에도 그럴진대 지인들은 말해 무엇 하리.

또 이런 생각을 한다. 긴 병에 효자는 없지만, 긴 병에도 모성애는 변함없다고. 내 상태가 비교적 괜찮아졌기 때문일 수도 있지만 언니와 동생, 심지어 남편까지도 요즘은 많이 편안해 보인다. 물론 이런 상황이 굉장히 감사하다.

하지만 엄마만은 다르다. 한결같이 처음처럼 나를 걱정한다. 그런 엄마의 정성과 사랑을 느낄 때면 엄마를 위해서라도 꼭 살아야겠다는 생각이 든다. 어떻게든 엄마에게 참척의 고통만은 안겨드리지 말아야겠다고 다짐하며.

태산 같았던 '엄마'는 어느새 나의 또 다른 이름이 되어 있다. 삶의 큰 부분을 빼앗긴 사람처럼 때때로 왠지 모를 억울함과 허망함이 교차하는 요즘, 누구에게라도 심통 부리고 싶고 '될 대로 되라지' 하며 어린아이가 되고 싶을 때가 있다.

그런 모습이 비치는 상대는 남편으로 한정될 테지만 가끔은 내 몸 하나 건사하기도 바쁜데 이것저것 신경 쓰고 책임져야 하는 일들이 참 버겁게 느껴진다. 그러나 그런 와중에도 여전히 아이들을 볼 때면 정신이 퍼뜩 들면서 내게 주어진 이 책임감의 무게를 덜어내지는 말아야겠다고 다짐한다. 그것을 내려놓는 순간 삶의 의지 또한 내려놓게 될 것 같아서.

항암 치료를 시작한 후, 첫 달 빼고는 살림을 계속해왔다. 매일 청소하고 요리도 직접 해서 아이들과 함께 저녁을 먹는다. 다행히 누군가의 보살핌을 받아야 할 정도로 몸 상태가 나쁘지 않아서이기도 하지만, 컨디션이 좋지 않은 날도 내게 남은 시간이 제한적이라는 생각이 떠오르면 억지로라도 몸을 일으키게 된다.

"밥 먹자!" 부르면 아이들이 조르르 달려와 수저를 챙기고 물을 놓고 밥과 국을 제자리에 올린다. 그리고 각자 자리에 앉아 도란도란 얘기를 나눈다. 남은 시간 속에서 얼마나 더 아이들을 보살펴주고, 밥상에서 조잘거리는 아이들의 이야기를 들어주고, 따뜻한 밥을 차려줄 수 있을지 모를 일이다.

아이들의 세상에서도 나는 계속 태산 같고 편안한 엄마이길 바라며, 오늘의 이 평안함에 감사한다. 평범한 일상이 수시로 요동치고 불온한 내 감정을 토닥여주고, 아이들의 태평스러운 대화와 표정이 내 마음을 따듯하게 덥혀준다. 가장 평범하고 평화로운 일상이, 세 아이들의 존재 자체가 삶을 욕망하게 하고 오늘을 살아가게 하는 힘이 된다.

버킷 리스트 　　　　　　　　　　　　　　　＊

　무라카미 하루키를 좋아하는 사람이라면, F. 스콧 피츠제럴드의 작품 《위대한 개츠비》에 대한 하루키의 애정을 한 번쯤은 들어보았을 것이다. 실제로 하루키의 작품 《기사단장 죽이기》에서는 데이지의 저택을 마주 보는 개츠비의 화려한 져댁을 모티브로 한 듯한 설정이 보이기도 한다. 하루키는 《위대한 개츠비》가 아무 쪽이나 펼쳐도 순식간에 빨려 들어가 읽을 수 있을 만큼 흡입력 있고 재미있다고 표현했다.

　내게도 그런 작품이 하나 있다. 바로 지브리의 애니메이션 〈센과 치히로의 행방불명〉이다. 수없이 보았지만 지금도 여전히 한 번씩 보고 싶어지는 작품이기도 하고, 지나가다가 TV에서 방영되고 있으면 하던 일을 멈추고 그 자리에서 끝날 때까지 보곤 한다. 토토로의 몽글몽글한 감성도 좋으나, 이색적이고 화려한 색감과 감각적으로 그려진 판타지 요소가 가득한 〈센과 치히로의 행방불명〉은 지금까지도 내게 최고의 애니메이션으로 남아 있다.

그리고 내 마음속 최고의 작품인 이 애니메이션의 배경이라고 전해지는 곳, 타이완의 지우펀은 언젠가는 꼭 가보아야 하는 '버킷 리스트' 중 하나가 되었다.

남편의 회사에서는 20년 근무자들에게 장기근속 포상으로 해외여행을 보내준다. 여러 나라 중에 고를 수 있는데 그중 타이완도 속해 있었다. 나 못지않게 지브리 애니메이션을 사랑하는 남편 또한 지우펀을 꼭 가보고 싶어 했기에 우리의 고민은 길지 않았다.

원래 2024년 봄에 가기로 예약되어 있었다가 당시 타이완에 큰 지진이 일어나 여행이 취소되었다. 올해 다시 신청하라는 안내가 왔을 때 한참을 망설였다. 담도암 4기라는 꼬리표가 붙은 후로 어떤 선택들 앞에서는 그 꼬리표가 더욱 도드라지게 느껴질 때가 있다. 하지만 항암 치료 직후 며칠만 아니면 그 외의 시간에는 일상생활에 무리가 없을 정도로 몸 상태가 괜찮았기에 욕심을 내고 싶었다.

여행이 취소되었을 때만 해도 다음을 기약하며 대수롭지 않게 넘겼지만, 암 진단 이후로 '다음'은 낯선 단어가 되어버렸다. 내게 다음이라는 시간이 없을 수도 있다는 생각이 각인된 이후로 웬만하면 지금 할 수 있는 것들을 최대한 하려고 노력 중이다. 미래의 불확실성을 생활 속에 확실히 받아들이면서 자연스럽게 '카르페 디엠'을 실천하는 삶을 살게 되었다고나 할까. 그래서 힘들다 싶으면 현장 일정을 조율할 생각으로, 걱정은 일단 접어두고 여행을 떠나기로 결정했다.

3박 4일의 여행 일정 중에서 지우펀은 이틀째로 계획되어 있었다.

여행 첫날, 새벽 4시 30분에 집에서 출발해 타이완 시간으로 밤 9시까지 일정이 빽빽히 짜여 있었다. 영화 〈말힐 수 없는 비밀〉 촬영지, 단수이 옛 거리, 101빌딩 전망대, 야시장을 둘러보는 일정에서 한 곳쯤은 빠지고 버스에 남아 있으려고 했지만, 이번 방문이 내 생애 마지막일지도 모른다는 생각 때문에 저려오는 발(항암 치료를 오래 한 환자들은 습관적인 손발 저림을 느낀다)도 무시하고 버스에서 내렸다. 그날 밤에는 낯선 곳에서 잠을 푹 자지 못하는 나도 거의 혼절한 상태로 잠에 빠질 수밖에 없었다.

드디어 둘째 날, 이 여행의 목적이자 그토록 원했던 지우펀에 가는 날이었다.

조식을 든든하게 먹고 첫 일정인 시펜에서 커다란 한지 4면에 네 가지 소원을 적어 풍등을 날렸다. 붓으로 커다랗게 쓴 소원들이 바람을 타고 하늘 위로 올라가는 모습을 보고 있자니, 왠지 내 간절한 바람들이 어딘가의 누군가에게 꼭 닿을 것만 같았다. 달님이든 햇님이든 첫눈이든, 보이는 모든 것에 기도를 해대는 상황이라 이런 특별한 체험이 이색적이면서도 나를 위한 일정처럼 느껴지기도 했다.

점심을 먹은 후 지우펀의 입구에 도착했을 때, 날씨는 우중충하고 하늘은 어둑어둑하고 비까지 마구 흩날리고 있었다. 타이완은 연중 평균 습도 70%를 자랑하는 습한 나라고, 수시로 비가 내린다. 또한 비가 바람과 함께 흩날리기 때문에 우산은 무용지물이다. 무조건 비옷을 입어야만 사방에서 들이치는 비로부터 몸과 옷을 보호할 수 있다. 우리 팀은 각자 비옷을 걸치고 버스에서 내린 후, 가이드를 따라 지우펀의 입구 계단에 나란히 섰다.

일단 지우펀의 위쪽을 올려다보는데 벌써부터 현기증이 날 지경이었다. 끝없이 줄지어 있는 계단, 흩뿌리는 비, 두세 명이 겨우 지나갈 만큼 좁은 계단을 꽉 메운 인파…. 다녀온 사람들이 지우펀이 아니라 '지옥펀'이었다 말하는 것이 과장은 아니었구나 싶은 마음도 들었다.

하지만 멋진 풍경 사진에 매료되어 여행을 계획하고 그 장소에 갔을 때 실망했던 경험이 어디 한두 번인가. 이왕에 여기까지 왔으니 남아 있는 에너지를 총동원해서 제대로 끝까지 보고 가야겠다고 마음먹었다. 남편 손을 잡고 열심히 올라간다고 올라갔지만 어느새인가 가이드와 일행들이 멀어져서 안 보이기 시작했다. 처음에는 꽁무니를 놓칠세라 앞만 보고 걸어갔는데, 마지막 팀원마저 완전히 시야에서 사라지고 나니 오히려 마음이 편안해졌다. 그래, 내 템포대로 천천히 둘러보면서 올라가자.

옆을 돌아보니 오래된 일본식 가옥들의 모습이 하나씩 눈에 들어왔다. 유난히 고양이들도 많이 보이고, 아기자기한 소품을 파는 예쁜 숍들도 이제야 보였다. 거의 꼭대기까지 도달했을 때는 취두부 냄새와 100년 넘은 하수구 냄새가 번갈아 후각을 강타해대는 통에, 안 그래도 너무 무리하게 계단을 올라오는 바람에 울렁거리던 속이 뒤집히기 시작했다. 그래도 이런 이색적인 경험을 내가 어디 가서 할 것인가 하는 생각에, 손으로는 코를 틀어막고 입으로는 헛구역질을 하면서도 열심히 노포들을 구경했다.

한참을 들어가니 가이드와 일행들이 선물용 망고 젤리과 유가 쿠키를 사는 모습이 보였다. 아이들 줄 선물을 간단하게 사고 남편과 나는 재빨리 그곳을 벗어났다. 홍등이 켜져 있는 지우펀의 예쁜 거리를 눈에 오래오래 담으며 천천히 내려왔다.

언제나 그런 것 같다. 어떤 곳에 있든, 어떤 음식을 먹든, 무엇을 하든 함께한 모든 순간을 모든 사람이 똑같이 느끼지는 않을 것이다. 누군가에게는 날씨부터 인파에 냄새까지 '지옥편'으로 기억될 수 있는 시간일지도 모르겠다.

하지만 나는 좋았다. 언제나 마지막일 것이라 생각하는 마음가짐이 이런 순간에 특별함을 발휘한다. 오롯이 '지금 이 순간'을 선명히 감각하게 한다. 이 공간에 서 있고 숨 쉬는 지금이 내 생애 마지막이라는 생각이 들면 특별해지고 감사한 마음이 뒤따른다.

흩날리는 빗물이 얼굴에 튀어 따끔따끔하다. 눈꺼풀 위로 흘러내리는 빗방울 너머로 홍등 켜진 지우펀이 비에 조금씩 젖어들고 있다. 형형색색으로 번져가는 지우펀을 바라보면서 생각했다.

이곳에 오기를 정말 잘했어.

광안대교 ✱

 울산에 살지만 우리 부부가 가장 좋아하는 음식점은 부산에 있다. 자갈치시장 내 '백화양곱창'이라는 곳이다. 남편과 나의 소울 푸드인 신선한 양, 곱창, 대창을 파는 곳인데, 지금은 TV와 여러 매체에 많이 나와서 잘 알려졌지만 우리 부부가 15년 전에 찾았을 때는 부산 사람들 중에도 아는 사람만 가는 숨은 맛집이었다.

 이곳에서 크게 감동을 받은 이후로 10년이 넘는 지난 세월 동안 1년에 한 번씩은 꼭 찾곤 했다. 그런데 이 훌륭한 안주에 술이 빠질 수는 없지 않은가. 둘이 함께 마시고 대리를 불러서 갈지, 그냥 안 마실지 고민하다가 언젠가부터는 아이들로부터 떨어져 둘만의 오붓한 시간을 갖고 싶어 꼭 근처에 숙소를 잡고 방문했다.

그렇게 1년에 한두 번 둘만의 맛집 여행을 떠날 때마다, 그 시작점인 고속도로의 초입에서 언제나 우리를 반갑게 맞아주는 것은 검푸른 바다 위로 쭉 펼쳐진 새하얀 광안대교였다. 거대하고 웅장하면서도 파란 하늘과 바다에 어우러지며 쭉 뻗은 하얀 교각들은 여유로우면서 한갓진 느낌을 선사해주었다. 언제나 여행의 설렘을 부풀게 만드는 최고의 풍경이었다.

내 직업은 '청소인'이다. 10년 전쯤에 작은 청소 업체를 차렸다. 지금은 현장 일은 하지 않고 청소 기술 학원을 운영하면서 강의하고 출강하는 일이 업무의 대부분이지만 누가 물어보면 아직도 "저 청소해요"라고 대답한다.

국비 지원 청소 기술 학원을 3년째 운영하면서 부산에서도 문의를 참 많이 받았다. 청소 이외에도 입주할 때 필요한 다양한 품목들의 기술을 국가 지원을 받아 저렴한 가격으로 습득할 수 있는 곳이 전국에 서너 군데밖에 없다 보니, 우리 학원에도 전국에서 훈련생이 모여드는 실정이다.

그렇다면 울산에만 머무를 것이 아니라 조금씩 지점을 늘려야겠다는 생각에, 2024년부터 부산점 오픈을 준비했다. 상반기 동안 수없이 울산과 부산을 오가며 학원 계약부터 인테리어, 물품 구입, 교육청과 고용노동부 인가까지 모든 준비가 끝난 상태였다. 부산에 도착하면서 펼쳐지는 광안대교는 내게 여행지라는 설렘과 더불어 사업의 새로운 도약을 위한 장소라는 기대까지 함께 실린, 희망의 상징물이나 마찬가지였다. 그런데, 2024년 말에 현장 인증 평가만 통과하면 되는 상황에서 암 진단을 받은 것이다.

다행히 동업자로 늘 함께한 언니가 있었기에 나는 치료에만 전념할 수 있었고, 인증 평가에 무사히 통과하면서 2025년 부산에서의 첫 수업을 준비하게 되었다. 청소, 줄눈, 정리정돈, 욕실 코팅, 인테리어 필름, 방역, 매트리스 케어 등을 한번에 국비로 지원받아 배울 수 있는 곳은 울산을 제외한 전국에서도, 당연히 부산에서도 우리 학원이 최초다.

그래서 국비 지원을 통해 교육을 받고자 원하는 훈련생들이 내일배움카드를 만들고 상담받는 고용복지플러스센터에 가서 우리 학원의 존재를 알리고 소개하기로 했다. 언니는 무리하지 말라며 걱정했지만, 오랜 시간 공들이고 한 땀 한 땀 쌓아 올려 준비한 부산 지점의 시작 또한 꼭 함께하고 싶었다.

울산에는 고용복지플러스센터가 한 곳밖에 없지만 부산에는 네 곳이나 있다. 우리 학원 관할은 수영구에 위치한 동부

지점이지만 다른 지점에서 이런 프로그램이 개설된지도 모르고 상담이 진행될 수 있기 때문에, 이왕 부산에 간 김에 고용복지플러스센터의 지점들을 모두 횡단하며 똑같은 이야기를 네 번 반복했다.

세 곳의 센터에서 내일배움 직업 훈련 팀장님과 주무관님들과 인사를 나누었다. 안내해주신 자리에 둘러앉아 미리 준비해간 홍보 책자들을 함께 보면서 학원 소개를 했다. 한참 설명을 들으시더니 이런 프로그램도 국비 학원이 있냐고 반색하시며 자신들도 배우러 가고 싶다 말씀해주셔서 기분 좋게 이야기를 마칠 수 있었다. 앞으로 잘 부탁드린다는 말을 하고 나왔다.

드디어 마지막 고용복지플러스센터에 들렀다. 이번에 금정구에 고용노동부 승인을 받은 신규 학원이라고 소개하고, 총괄 팀장님을 잠시 만날 수 있을지 물었다. 다행히 팀장님을 만날 수 있었다.

"어떻게 오셨다고요?"

"안녕하세요. 저희는 이번에 금정구에 고용노동부 승인받은 신규 학원인데요. 학원 소개 간단히 하고 인사도 드리러 왔어요."

"저희 관할 아니신 것 같은데?"

"네, 아니에요. 하지만 저희 프로그램이 국비 학원 중에서는 부산에 처음 생기는 프로그램이라 인사드릴 겸 학원 설명도 좀 드리려고…."

"저 앞에 전단지 꽂아놓고 가세요."

"네, 이거 전단지인데 팀장님도 좀 보시고, 여기 주무관님들께도 이런 학원이 생겼다고 말씀 좀 해주시면 정말 감사하겠습니다. 그리고 이건 제 책인데요. 시간 나실 때 읽어보시라고 선물로 가져왔어요."

"아, 책도 저기 꽂아두고 가세요. 민원인들 보라 하면 되겠네요."

급한 용무가 있었는지, 우리의 방문을 피하고 싶어 하는 모습이 역력했다. 아무래도 그냥 가기에는 아쉬워서 그분을 따라가며 간단히 학원 소개를 재빠르게 하고 나왔지만 시원찮은 구석이 남은 방문이었다. 왠지 모르게 잡상인 취급을 받은 느낌이 들었다.

그런데 그때, 역설적이게도 갑자기 가슴이 콩닥콩닥 뛰기 시작하면서 한동안 잠잠해 있던 내 안의 아드레날린이 꿈틀거리고 머릿속이 상쾌해지기 시작했다. 아, 그래. 이것이 현장의 맛이지. 1년 후에는 모든 센터에서 '네버랜드 아카데미' 하면 모르는 사람이 없도록 만들어야지.

'삶의 체험' 같은 현장감이 그대로 느껴졌다. 나는 원래 누를수록 의지를 불태우는 성격이지만, 아프기 시작하면서부터 모두가 내게 조심스러웠다. 평소처럼 아무렇지 않게 대하는 와중에도 모두에게 조심스러움이 묻어났다. 내게는 암 환자라는 낙인이 늘 함께 있었을 테니 당연했다.

그래서 낯설지만 조심스러운 배려의 마음들에 어느새 적응해 있던 중에, 참으로 오랜만에 수많은 평범한 사람 중 하나가 된 것이다. 갑자기 머릿속이 환기되는 기분이었다.

오늘 아침, 진단 이후 6개월 만에 처음으로 부산에 방문했는데 더 이상 광안대교가 눈에 들어오지 않았다는 것을 기억해 냈다. 늘 부산 초입에서 광안대교의 눈부신 자태에 설렘을 한껏 끌어올렸었는데.

느리게 흘러가던 일상 속, 갑자기 **빽빽한** 하루 일과를 마치고 돌아가는 길에 또다시 뚜렷하게 광안대교가 보였다. 광안대교의 위용도, 그 아래 표표히 흘러가는 바닷물도 햇살을 머금어 유난히 반짝이는 듯했다.

아, 일하고 싶다. 얼른 나아서 내 자리로 돌아가야지.

*

3장 · 겨울에는

제철 행복

남편은 회사로, 세 아이들은 학교로 가고 나면 그제야 꽉 차 있던 공간의 밀도가 느슨해지고 마음의 여유도 생긴다. 먼저 로봇 청소기를 켜놓고 세탁기를 돌린 후, 세탁물을 개어서 각자의 방에 넣는다. 아침 먹은 그릇들을 설거지하고 행주까지 깨끗하게 삶아 널어놓는다. 말끔해진 집 안을 둘러보노라면 마음마저 개운해진다.

따뜻한 차 한 잔을 타서 소파에 파묻히듯이 몸을 누인다. 유튜브로 잔잔한 음악을 틀고, 아무 생각 없이 창밖을 내다보고 있으니 참 고요하고 정돈된 느낌을 받는다. 아이들 때문에 아파트 1층으로 내려왔는데, 이럴 때마다 마치 날 위한 선택처럼 느껴지기도 한다.

비가 추적추적 내리는 창밖을 보고 있노라니 마음까지 청량해진다. 그런데 거실 모서리에 서 있는 크리스마스트리가 눈에 거슬리기 시작한다. 그 옆에 쪼록 줄지어 선 상추 화분들도.

작년 10월에 크리스마스를 기다리며 일찍 꺼내 와서는 이제 사시사철 장식해놓을 것이라 했던 트리도, 시기를 생각하지 않고 가장 추운 한겨울에 무작정 심어버려 웃자라기만 한 상추들도, 내가 보고 즐기는 마음이 중요하지 시기가 무엇이 중요하냐며 무리해서 시도했던 것들이 나를 향해 소리친다.

"야, 적당히 좀 하자!"

추운 날씨에 따스한 기운을 내뿜으며 찬란하게 빛나던 크리스마스트리의 몽글몽글한 전구들이 크리스마스가 한참 지난 이제는 갑갑하고 과해 보인다. 정상적으로 자라기 힘들었던 시기에 어찌어찌 싹은 틔웠으나 제대로 크지 못한 상추들을 보니 이제야 상추들이 움트고 자라나기에 얼마나 고단했을까 싶은 생각이 든다.

결국 다 내 욕심이었다.

김신지 작가는 《제철 행복》에서 제철에 느끼는 행복은 결국

'이 맛에 살지'라는 순간을 하나씩 더해가는 일이라고 했다. 그런데 '이게 사는 건가'와 '이 맛에 살지' 사이에는 모름지기 계획과 의지가 필요한 법이다. '제철의 맛'을 느끼는 행복이 내게 얼마나 허락될지 알 수 없는 시기에 무리한 계획과 의지가 뒤따랐다.

매번 겪는 계절의 변화 또한 이것이 마지막일지도 모른다는 생각에 마음이 조급했다. 특히나 1년 내내 크리스마스의 예쁘고 반짝이는 따스함을 기다리는 내게 크리스마스트리는 추운 겨울뿐만 아니라 사시사철 행복한 만족감을 느끼게 해주리라 기대했다. 하지만 시기에 어울리지 않고 철에 맞지 않는 소품이 계속된 감흥을 일으키지 않는다는 것을 깨달았다. 이제야 생각하지만 나는 아마도 찬바람이 불어올 때 트리를 꺼내고 장식해야 한다는 것과, 추운 겨울을 따스하게 밝혀줄 크리스마스트리를 기다리는 설렘 또한 제철 행복을 오롯이 만끽하는 과정이라는 사실을 놓치고 있었던 것 같다.

소파에 누인 몸을 일으켰다. 10월에 설치할 때만 해도 이제 항상 눈앞에 두고 보겠다고 생각하며 마구잡이로 칭칭 휘감아 놓았던 전구들을 한 바퀴씩 풀어서 정리해나갔다. 180cm의 커다란 트리를 세 부분으로 해체하고 베란다 창고에 정리해두었다. 싹 틔운 생명이라 어찌할지 몰랐던 상추 순들도 삽으로 깊이 판 후 과감하게 뒤엎었다. 깊게 뿌리내린 것들도 파내어 흙을 털어냈다. 전체 흙을 고르고 다시 평평하게 펴준 후 안방 베란다로 화분들을 옮겼다. 시기적절할 때 다시 상추 씨를 뿌려야지. 바닥에 남아 있는 트리의 잎사귀 조각들과 흙을 정리하고 닦은 후, 휑뎅그렁한 공간이 어색해져 옆으로 옮겨놓았던 턴테이블을 다시 가져다 둔다.

이제서야 모든 것이 정돈된 느낌이다. 억지로가 아니라 자연스럽게, 제자리에 편안하게 돌아간 느낌. 그리고 또다시 무엇인가를 새롭게 시작할 수 있을 것 같다.

생의 의지를 다지고, 조금이라도 더 삶의 즐거움을 움켜잡기 위해 내가 눈앞에 펼쳐놓은 것들에도 시기라는 것이 있었다. 앞으로 내게 계절의 변화를 몇 번 느낄 만큼의 시간이 남아 있을지는 알 수 없다. 하지만 이제는 철에 맞지 않는 것들을 억지로 끌어와 눈앞에 두지 않기로 마음먹는다.

제철에만 선명하게 볼 수 있는 계절의 변화를 제철에 눈 밝게 즐기기로 한다. 그리고 다음 계절에만 느낄 수 있는 행복을 기다리는 설렘 또한 즐겨보는 것으로 한다. 그렇게 사계절을 기다리는 두근거림이 '생의 의지'라는 그릇에 한 스푼 보태어진다.

된장독 안에는 ✽

 암 진단을 받은 이후로 식단을 짜고 간을 볼 때마다 망설임이 앞선다. 남편과 나는 맵고 짠 것을 즐기는 영락없는 경상도 입맛이라, 간을 유난히 짜게 하지는 않지만 자극적인 맛을 좋아한다.

 항암 치료를 받으면서 특별히 식단 관리를 하지 않았다. 초기에는 소화가 잘 되지 않아 죽을 먹거나 적은 양의 식사를 여러 번 했고, 항암이 2주 정도 지나면서 암 크기가 줄어서인지 소화가 안 되는 느낌이 없어져서 일반 식사량으로 세 끼를 모두 챙겨 먹었다. 전반적으로 생선, 해조류, 채식 위주이긴 했지만 먹고 싶으면 삼겹살도, 치킨도, 라면도, 초콜릿도 먹었다.

 병원에서도 너무 질기거나 기름기가 많은 것을 제외하고는 소화만 된다면 무엇이든 다 먹어야 한다고 안내해주어서, 먹는 데 크게 스트레스를 받지 않았다. 지나고 보면 그것이 몸이 회복하는 데 보탬이 된 것이 아닌가 싶기도 하다. 사람마다 다 항암 치료의 효과가 다르기에 확신할 수는 없지만 일단 잘 먹어야 잘 버틸 수 있고, 잘 먹어야 행복 지수도 올라가는 것은 맞으니까.

아무튼 그럼에도 조금은 더 건강한 식재료와 조리법을 고민하게 된다. 국민 메뉴이자 우리 가족이 참 좋아하는 칼칼한 된장찌개를 끓이며 맛을 보는데, 이상하게 된장이 달게 느껴졌다. 그리고 예전에 엄마가 끓여주시던, 짜고 색깔도 그리 곱지는 않지만 깊고 구수한 맛을 내는 집된장이 먹고 싶어졌다.

아주 어렸을 때 작은방 아랫목에 메주 덩어리들이 놓여 있어 방에 들어갈 때마다 꼬릿하고 매캐한 냄새에 코를 틀어쥐던 생각이 떠올랐다. 분명 그때는 엄마가 된장을 직접 담그셨던 것 같은데 초등학교 때 아파트로 이사 간 이후로는 집에서 메주를 본 기억이 없다.

된장 만들기가 많이 어려운가? 생각하다 보니 벌써 손가락은 휴대전화에 '된장 담그는 법'을 검색하고 있다. 생각보다 어렵지 않은 듯했다. 그냥 수제로 담근 된장을 매우 비싼 가격에 사 먹느냐, 된장 담그기에 도전해보느냐를 두고 조금 망설였다. 내가 만든 것이 아니면 어떻게 만든 것인지 확신할 수 없기도 하고, 그리 어렵지 않아 보이기도 해서 직접 해보기로 마음먹었다.

일단 메주콩을 '적당히' 삶아야 하는데, 삶을 때도 아주 센 화력으로 오래 끓여야 하기 때문에 가마솥에서 삶는 것이 좋단다. 가마솥을 어디에서 구하며 적당히는 과연 얼마만큼일까.

음식을 좀 해본 사람들은 안다. 적당히라는 것은 오랜 시간과 노력이 감각처럼 몸에 달라붙어 눈대중으로 보기만 해도 알아차리는 고수만이 가질 수 있는 가늠의 영역이라는 사실을. 그래서 그 영역은 범접하지 않고, 대신 고수의 손을 빌리기로 했다.

찾아보니 국산 메주콩으로 정성 들여 띄운 메주를 판매하는 곳이 많았다. 사 먹으면 편하지만 부러 건강한 맛을 찾기 위해 된장을 담그기로 마음먹은 만큼, 꼼꼼히 뒤져 적당한 가격에 설명이 상세하고 평점이 가장 좋은 메주로 주문했다.

1.5kg짜리 메주 세 덩어리. 일반적으로는 메주에 소금, 물, 숯, 대추, 말린 고추를 넣고 장을 먼저 빼내는데, 간장을 빼내

는 과정을 거치지 않고 바로 된장을 담그면 더 구수하고 맛있단다. 나는 간장이 필요한 것이 아니었기 때문에 된장 맛이 더 기대되면서 설레었다.

판매 페이지를 상세히 들여다보고 있는데, 그중에 달력이 들어가 있는 것이 아닌가. 바로 장 담그는 날을 체크해놓은 달력이었다. 그러고 보니 우리 선조들은 장 담그는 날에 굉장한 의미를 두었다고 어느 책에서 읽었던 것이 언뜻 떠올랐다. 길일을 택해 장을 담갔고, 장독대에 고추를 엮은 새끼줄을 둘러 액운을 막으며 신성시했고, 그해 장맛이 변하면 불길한 징조라 여기기도 했다. 한 해 동안 가족의 건강과 풍요를 기원하기도 했다고.

나는 겸허해지면서도 한편으로는 웅장해지는 이야기에 내 상황을 이입했다. '그래! 갑자기 늘 먹던 된장 맛이 다르게 느껴지고, 된장을 직접 담가보려고 생각하게 된 데는 다 이유가 있었을지도 모를 일이네.'

월별로 정리된 날짜를 살펴보고 하루를 골라 주문했다. 아무 생각 없이 쿠팡에서 배송이 오는 대로 담글 계획이었으면서, 갑자기 어마어마한 의미를 부여해놓고 선조들의 장 담그기에 담긴 소박한 염원을 십분 적용해보기로 한다.

아무렴 어떠랴. 맛있게 먹으려고 담그는 된장에 된장 말고 다른 것 좀 더 넣는다고 뭐가 달라지겠는가. 오히려 하나의 행위에 더 큰 의미가 더해질 수 있으니 일석이조가 아니고 무엇이겠는가.

2주 후면 수술이다. 9~12시간이나 소요되는 대수술이라고 한다. 수술 후에는 거점 병원에서 열흘 동안 입원 후 연계 병원에서 2~3주 더 입원해야 하니 총 한 달 정도 집을 비워야 한다.

암 덩어리는 눈에 띄지 않을 만큼 작아졌고, 컨디션도 여전히 좋다. 믿음 가는 교수님이 직접 집도한다고 해서 전혀 걱정이 되지 않았었는데, 수술 날짜가 다가올수록 조금씩 마음이 부산스러워지는 것을 막을 도리가 없다.

이미 출간 계약을 했고, 꾸준히 글을 써야 함에도 글쓰기에 집중하기가 힘들었다. 깊이 들여다보면 보이는 것들을 마주하기가 두려워서였을까. 글을 쓰기 시작하면 원하지 않아도 직면해야만 하는 심연의 두려움을 보고 싶지 않아 무엇이든 조금씩은 외면하고 싶었다.

하지만 어쩔 수 없다. 올 것은 끝내 오고야 마는 법이니까. 두려워 졸아들기보다는 담대해지기로 마음먹지만 쉽지 않다.

그 와중에 된장 담그기에서 이런 의미를 보태게 될지는 몰랐다. 수술 후 힘들 시간과 결과에 대한 두려움을, 그리고 수술 후에 암세포를 다 걷어내 깨끗해진 몸으로 집으로 돌아와서 구수하게 맛이 잘 여물었을 된장독의 뚜껑을 기분 좋게 열어볼 그날의 염원까지도 된장과 함께 정성스레 독 안에 담아본다.

그렇게 나는 된장을 담그며, 곧 있을 수술의 성공 기원과 우리 가족의 안녕을 함께 담았다. 맛있는 메주와 함께 정성과 고난의 시간들이 발효되어 건강하고 깊고 구수하면서도 희망찬 삶의 맛이 되리라 확신하며 생애 첫 된장 담그기를 마무리한다.

된장아, 한 달 후에 우리 건강한 모습으로 만나자.

다시 피어나기 ✶

처음 진료를 보러 병원에 갔을 때 조금 놀랐던 기억이 난다. 간담췌외과 대기실에 겉으로는 건강해 보이는 사람들이 빼곡히 앉아 있던 생경한 광경 때문이었다.

가장 먼저, 이렇게 암에 걸린 사람들이 많은가 싶어 놀랐다. 그리고 나와 비슷한 두려움과 아픔을 함께하고 있겠구나 싶어 서글픔을 동반한 안도감이 들었다. 나를 비롯한 그들의 안위에 대한 걱정도 들었다. 수많은 사연과 고통이 밀집해 있는 공간을 보며 온갖 감정이 뒤섞였고, 그 감정들은 받아들이기 힘든 현실을 일깨움과 동시에 마음을 어지럽혔다. 지금의 내가 소화하기에 조금은 버겁게 느껴지기도 했다.

그렇게 몇 개월의 시간이 흐르면서, 내 몸과 마음은 암 병동에 익숙해졌다. 의도치 않게 눈에 들어오는 수많은 장면들을 조용히 지켜본 나는 이제 암 병동의 수많은 인파도, 항암 주사를 맞으며 구토를 뿜어내는 옆 환자도, 살이 너무 빠져 해골처럼 변한 아내가 수혈을 받는 모습을 보는 남편의 절절한 눈빛도 담담하게 바라보게 되었다.

내 감정을 보호하기 위해 선택한 것은 방관이었다. 그렇게 내 감정은 의도된 방관 속에서 천천히 식어가고 있었다.

《안나 카레니나》를 읽고 있던 어느 날, 나는 불현듯 두려워졌다. 다양한 인간 군상을 그려냄과 동시에 인간의 다양한 심리를 꿰뚫었다고 평가되는 대작의 등장인물 중 그 누구의 삶과 감정도 쉽게 받아들이지 못하는 나를 발견한 것이다.

문학을 좋아하는 이유는 내가 살지 않은 누군가의 삶을 대신 살아볼 수 있고, 내가 느끼지 못한 감정을 대신 느껴볼 수 있고, 내가 하지 않은 선택을 한 사람의 시선을 바라볼 수 있어서였다. 하지만 더 이상 그들의 삶이 궁금하지 않았다. 그들의 슬픔에 함께 눈물짓지도 않고, 그들의 행복에 함께 설레지도 않는 내가 보였다. 눈은 책을 좇으면서도 마음은 콩밭 어딘가를 헤매고 있었다.

아무런 감흥 없이 책을 읽어 내려가는 내 모습을 보니, 앞으로 세상의 그 어떤 상황과 마음에도 함께 어우러지지 못하게 되는 것은 아닌가 싶어 두려워졌다. 암이라는 것이 평소에 내가 가지고 있던 감성이나 공감 같은 감정까지 지배하게 되는 것은 아닐까 덜컥 겁이 나는 것이었다.

예전에 암 수술을 세 번이나 하고 아직도 항암을 하고 있다던 사람을 만난 적이 있다. 당시 나는 죽음의 문턱까지 다녀온 사람들은 온갖 세상 시름을 담대하고 너그럽게 대할 줄 알며, 오늘을 감사한 마음으로 살아갈 것이라 생각했다.

하지만 그는 내가 생각했던 것과는 달리 굉장히 까칠한 인품을 가지고 있었다. 모든 부분에서 불만이 많았고, 공감이나 동정 따위는 없는 사람이었다. 그 사람의 누나 말로는, 아프기 전에는 저런 성격이 아니었다고 했다.

그는 어째서 아프고 나서 성격이 바뀌어버렸을까. 아마도 억울함이 가장 컸을 듯하다. 평범한 일상에 완벽한 균열을 맞이하고, 고통스러운 치료 기간 동안 신을 원망했을 수 있다. 자신의 삶도 이렇게 버거운데 다른 사람들의 삶은 눈에 들어오지도 않았을 것이다. 자기 연민에 빠지고, 다들 내가 겪은 고통을 겪어보지도 않았으면서 배부른 소리만 하고 있다며 사람들을 무작정 배척했을 수도 있다.

그렇게 생각해보니 이해가 가는 부분이 없지 않았다. 하지만 생각의 끝에 나는 그런 상황이 와도 저렇게 '뾰족해지지는' 말아야겠다 다짐했다.

그런데 어쩌면 나는 뾰족해지지는 않았지만, 반대로 너무 뭉툭해지고 있는지도 모를 일이었다. 뜨겁고 차가운 것보다 무감이 가장 무서운 것 아닌가. 타인에 대한 이야기에 귀 기울이고 공감하는 능력은 사람들과 어울려 살아가는 데 가장 필요한 태도라 생각해온 나인데, 두려움과 슬픔과 억울함으로 인해 이런 감정들을 지속적으로 외면한다면 생의 감각 중 아주 중요한 부분을 잃게 되고, 어쩌면 나 또한 제2의 '요상한' 성격을 만들어내게 될지도 모른다는 생각이 들었다.

내 삶이 참 고단해서 다른 이의 사연이 궁금하지 않다 하더라도, 당장 나는 언제 죽을지 몰라 분투하고 있는데 사랑 타령, 행복 타령이나 하고 있는 누군가를 보더라도, 그 순간만큼은 그들의 삶에 귀 기울이고 다시 공감해보기로 마음먹었다.

그렇게 생각하고 나니, 책 속의 인물들은 경직되고 무감각해지는 내 심장을 따뜻하게 재생시킬 연습 상대로 딱이지 않은가. 그렇게 안나의 선택에 함께 슬퍼하고 안타까워하고, 안나를 떠나보낸 브론스키의 절절함과 남은 삶에 대한 애도도 함께하리라.

간담췌외과 외래 진료 대기실에서 차례를 기다리고 있는데 마치 봄이 연상되는 연핑크색의 하늘하늘한 플레어스커트를 입은 여자가 내 옆자리에 와 앉는다. 나이는 많아야 20대 중반 정도 되려나. 장소가 장소인지라 그녀의 존재가 공간과 도통 어우러지지 않는 느낌이다. 갑자기 그녀의 사연이 궁금해져, 함께 앉아 있는 그녀의 엄마와 나누는 이야기를 향해 귀를 쫑긋 세운다.

"여기 이렇게 앉아 있으면 당연히 환자는 엄마인 줄 알겠지?"

아, 외형으로나 나이로나 꽃 같은 저 학생이 간암, 담도암, 췌장암 중 하나에 걸린 암 환자라는 것인가. 아이고, 어쩌나…. 이곳에 진료를 보러 다닌 지 7개월, 그녀의 사연이 너무나도 궁금해져서 처음으로 용기 내어 말을 붙여본다.

"어려 보이는데 혹시 암에 걸리신 거예요?"

"아니요! 저 암 아니에요. 담석증이래요." 그녀는 아주 큰 소리로 대답했다.

"아, 그렇구나. 다행이네요."

그렇게 짧은 대화는 마무리되었다. 정말 다행이었다. 웃기게도 잠깐 사이에 나는 꽃다운 한 사람을 살려낸 느낌을 받았다. 그리고 문득, 생에 대한 나의 관심이 다시 살아났음을 자각한다.

어느새 다가온 봄은, 꽃도 피우고 내 마음도 다시 피워낸다.

성격이 팔자다   ✱

"그냥 가시면 됩니다."

"네? 저 지금 주사 맞고 나왔는데요?"

"선생님께서 그냥 가져도 된다고 하시네요. 주사는 무료로 놓아드린 거라고요."

"정말요? 그런데 제가 다음 주까지 일주일에 세 번씩 주사를 맞아야 하는 상황이라서요."

"앰플만 잘 챙겨 오시면 오실 때마다 무료로 놓아드리라고 하셨어요."

"정말 감사합니다. 선생님께도 감사하다고 좀 전달해주세요. 수고하세요."

얼떨떨한 기분으로 병원을 나서며 이런 호의를 그냥 받아도 되나 싶은 생각이 들었다.

 수술을 2주 앞둔 지금, 네다섯 시간씩 투여하는 항암 주사는 몸과 마음을 너무 지치게 하기 때문에 평소에 하던 약물 치료는 중단이 된 상태다. 하지만 그사이 혹시라도 암세포가 커지는 것을 방지하기 위해서 독일에서 많이 쓰인다는 항암 약물 앰플을 처방받았다. 그리고 울산에서 주사를 맞을 수 있도록 인근 내과로 연계하여 치료를 받고 있다.

 일주일에 세 번 배꼽 근처 피부밑 지방에 주사를 맞으면 되는 방식이라 간단하긴 하지만, 그래도 치료를 받았으니 당연히 비용을 지불해야 하는데 진료비를 받지 않겠다니. 앞으로 남은 2주 동안의 걸음이 조금은 불편해질 듯했다.

 공짜란 없는 세상을 살아가다 보니 가끔 이런 호의를 만나면 자연스럽게 어떤 저의가 깔려 있는 것은 아닌가 생각하게 된다. 하지만 의사가 내게 무슨 저의 따위가 있겠는가. 담도암 4기 환자가 큰 수술을 앞두고 있다 하니 안쓰럽게 느끼셨을지도 모른다.

 뭐 어떻든 간에 참 감사했다. 다음에 내원할 때는 도넛과 커피라도 사 들고 가서 감사의 마음을 전달해야겠다는 생각이 들었다.

아프게 된 이후로 간간이 조심스럽게 안부를 물어오는 사람도 많고, 만나고 싶어 하는 사람들도 많다. 내 이름과 함께 떠오르는 병명의 무게감으로 인해 항상 나와의 만남에는 이번이 마지막일지도 모른다는 걱정이 따라붙을 테니 그 마음들이 백 번 이해가 가고도 남는다.

2주에 한 번씩 돌아오는 항암 치료를 하고 나면 며칠은 몸도 마음도 지치고, 주말만큼은 가족들과 함께하고 싶어서 시간을 보내고 나면 한 주가 훌쩍 지나가버린다. 남은 한 주에 사람들을 만나기도 하고 몇 년째 해오던 온라인 독서 모임들도 참여한다. 감사하게도 친구들과 지인들, 멤버들이 내 상황을 잘 이해해주기에 가능한 것이지만.

다른 만남들은 그 외의 시간에 겨우 만나거나, 다음에 보자며 계속해서 미루다 보니 어느새 한 계절이 훌쩍 넘어가는 경우도 허다하다. 카톡으로 수술 전에 맛있는 것 사준다고 연락이 계속 온다. 원래 할 일은 빨리 처리해야 하고 약속도 빨리 마무리해야 하는 성격인데, 지금 이 상황에서는 마음이 바쁘다는 핑계로 수술 후에 건강해진 모습으로 보자고 또 약속을 미루어버린다.

몸 상태는 괜찮지만 마음이 그렇지 못하다. 덤덤할 거라고 생각했는데…. 내 의지와는 다르게 순간순간 엄습하는 두려움을 애써 외면하고는 있지만, 아직은 사람들을 만나고 아무렇지 않은 듯 이야기를 나눌 만큼 편안하지는 못한 것 같다.

그럼에도 늘 보고 싶은 이들은 있다. 사는 곳도 근처라 제일 자주 보지만, 항상 즐겁고 아무렇게나 흐트러진 모습을 보여도 편안한 E와 M이다. 쫄깃한 막창이 먹고 싶어 두 사람과 함께 막창집으로 향했다.

다른 사람들을 만나면 대부분 조금은 안쓰러운 눈빛으로 나를 보고 안부를 먼저 묻는다. 하지만 이들은 아니다. 각자의 직장 이야기, 맛집 이야기, 막창 이야기를 하다가 자연스럽게 내 이야기는 뒤로 밀려난다. 자주 만나서이기도 하겠지만, 특이하다면 특이할 투병 생활도 이들에게는 그냥 일상의 영역인 것이다. 아픔도, 슬픔도, 연민도 특별하게 끌어내지 않는다. 그래서 담백하고 편안하다.

오늘 갔던 내과에서 진료비를 받지 않았다는 말을 했다. 나는 몰랐는데 제법 유명한 곳이었나 보다. 감기가 안 나을때 그 병원에 가면 낫는다는 소문이 있을 정도로 동네에서 용하기도 하고 친절하단다. 그래, 그럼 그렇지. 잘되는 데는 다 이유가 있다니까.

집으로 돌아오는 길에 다시 생각이 났다. 잘되는 데는 이유가 있는데, 과연 닭이 먼저일까 달걀이 먼저일까. 의사의 능력과 친절한 서비스로 인해 잘된 것일까, 잘되고 나니 여유가 생겨서 이런 친절까지 베풀게 된 것일까.

요즘 내 상태를 보면 많은 이들이 놀라워한다. 항암 과정에서도 나는 미디어나 주변에서 보여주는 암 환자들과 다른 모습을 보이기도 했고, 바늘구멍을 통과하기보다도 어렵다는 확률을 뚫고 수술이 가능해진 것도, 또 수술을 앞두고 있는 내 모습이 전혀 환자처럼 보이지 않는 것도 신기한가 보다. 그래서 내 외관이나 에너지를 보고는 4기가 아니었던 것 아니냐, 혹은 담도암이 아니라 다른 암이었던 것 아니냐는 질문도 많이 받았다.

나 또한 생각해본다. 내가 다른 암 환자들과 다른 점이 무엇일까.

암 환자에게 있어 식사량은 그 무엇보다 중요하다. 이것은 만고의 진리라 확언할 수 있을 듯하다. 암 환자들은 억지로라도 먹어야 한다. 항암 내내 밥심이 얼마나 중요한지를 뼈저리게 체감했다. 뱃속에 영양분이 들어와야 몸과 마음을 일으킬 수 있다. 결코 호락호락하지 않은 항암 치료를 버틸 체력과 정신력은 곧 밥에서 나오는 것이었다.

나 역시 항암 직후 속이 너무 메스꺼워 구토 방지제를 먹고 억지로 잠이 든 후에도 정신이 들 때마다 구역질을 할 만큼 힘들었기 때문에, 속에 무언가를 집어넣어야 한다는 것 자체가 두렵게 느껴지기도 했다.

하지만 항암 치료를 하며 어른들이 이야기하는 밥심의 효과를 너무나도 이해하게 되었다. 속이 안 좋을 때마다 도저히 밥이 삼켜지지 않아 누룽지를 묽게 끓여 먹었다. 메스꺼운 속이지만 몇 숟갈 억지로 삼키고 나면 여름 땡볕에 쩍쩍 갈라져 있는 메마른 논바닥 위로 파고드는 반가운 비처럼, 뒤틀린 내장 사이사이에 스며드는 구수하고 따스한 기운으로 인해 속이 편안해지고 눈앞이 맑아지는 것을 여러 번 경험했다.

아무리 잘 먹어서 체력을 회복했다지만 그 독하다는 담도암 항암 주사를 4리터씩 맞고도 짧게는 이틀, 길게는 삼사일만 지나면 비교적 일상적인 상태로 돌아오는 내 몸은 어떻게 설명할 수 있을까.

아무리 곱씹어보아도 내가 다른 이들과 다른 부분은 하나밖에 없었던 것 같다. 처음 암 진단을 받았을 때 너무 억울해하거나 슬픔에 가라앉지 않고, 빨리 정신을 차리고 담대하게 지금 할 수 있는 것에 집중하려 한 것. 희미한 희망이라도 붙들려고 애쓴 것. 항암 과정에서도 두려움에 휩싸이지 않고 내 성격과 일상의 패턴을 놓아버리지 않은 것. 부질없게 느껴지는 욕망들도 더 욕망하며, 삶의 의미를 차곡차곡 채워나가려 한 것. 이 모든 것을 '마음가짐'으로 설명할 수 있을 것 같다.

그렇다면 잘 먹어서 정신력을 부여잡을 수 있었던 것일까, 정신력을 다잡고 있었기에 통증과 식이까지도 의지로 버텨낼 수 있었던 것일까. 닭이 먼저인지, 달걀이 먼저인지 아리송할 수밖에 없다.

수술 준비를 위해 병원에서 준 안내문의 QR 코드를 찍고, 영상을 시청했다. 한참을 보고 있는데 아래에 〈췌장담도암에서 살아남은 사람들의 특징〉이라는, 제목부터 너무 흥미로운 영상이 있었다.

초반에는 모든 책과 영상과 기사에서 본 내용 그대로 '제일 질기고 무서운 암' '침묵의 살인자' 등등 무섭고 두려운 췌장담도암에 대한 설명이 이어졌다. 그럼에도 그것을 이겨낸 사람들에 대한 내용이 나올 때, 아주 특별한 무엇인가를 발견할 수 있을 줄 알았다. 하지만 교수의 입에서 나온 말은 참으로 의외였다.

"제가 의사이긴 하지만 저도 췌장암, 담도암에 걸리면 너무 두렵고 무서울 것 같아요. 그런데 아주 가끔 환자들 중에 굉장히 의연하게 상황을 받아들이는 분들이 계십니다. 담대하다고 표현해야 할까요. 그런 분들이 항암 치료도 잘 견뎌내고, 재발하더라도 또 이겨내고 완치율이 높습니다."

식단과 운동, 주사 요법처럼 확실하게 드러나는 것이 아니라 '담대한 마음'이라니. 뜬구름 잡는 소리처럼 들리면서도 늘 내가 생각해오던 것과 일맥상통하는 느낌이라 조금 놀라기도 했다. 실제로 암 진단을 받은 후 브런치 플랫폼에 연재하던 매거진의 제목이 "담대하게 담도암"이었다.

얼마 전 부산에 위치한 고신대병원에서 암 수술을 네 번 받았다는 어떤 남성의 기사가 떠올랐다. 보통은 하나의 암이 발견되고 나서 전이나 재발로 이어지기도 한다. 하지만 그의 경우는 13년 동안 식도, 갑상선, 폐, 위암에서 원발암이 생겨나 각각 암이 발병했고, 계속해서 수술을 받고 회복한 희귀한 사례라 했다. 올해 그분이 79세인 것을 감안하면 그 지난한 과정을 어떻게 다 이겨냈을까 놀랍기만 하다. 그분은 자신의 긍정

마인드가 암을 이겨내는 데 가장 큰 역할을 했다고 이야기했다. 처음 암 진단을 받았을 때부터 그냥 "암이 왔나 보다. 의사가 시키는 대로 하면 낫겠지 뭐" 했다는 것이다.

"성격이 팔자다"라는 말이 있다. 이제야 뒤섞인 생각을 정리해보자면, 모든 결과에 앞서 있었던 것은 마음가짐에서 비롯되어 습관으로 이어지고, 그 습관이 만들어낸 '성격'이 아닐까 싶다. 우리 동네 내과 의사는 너그러운 인품을 가지고 있었기에 '명의'라는 타이틀과 함께 친절한 서비스로 더욱 유명해졌을 것이다.

"암은 포기하는 사람을 가장 좋아한다"라는 말처럼, 아무리 무서운 병도 굳건하고 긍정적인 의지와 기세 앞에서는 힘을 쓰지 못한 것이 아니었을까. 그런 성격과 의지가 삶의 과정에 자연스레 녹아내려, 쳇바퀴 돌듯 이어지는 평범한 일상 속에서도 서서히 기적이라는 긍정적인 결과물을 움트게 한 것은 아닐까.

그리고 나는 오늘, 이 결론을 철석같이 더 믿어보기로 한다. 수술 후에도 1년 내 재발률 50%, 3년 내 재발률 80%인 이 암과 마주하며, 앞으로의 험난하고 지난할 시간 속에서도 나는 여전히 담대하게 걸어나갈 것이다. 그 걸음들 끝에서 완치라는 또 한 번의 기적을 만날 것이라 확신하며.

장례희망 　　　　　　　　　　　　　＊

　악동뮤지션 이찬혁의 〈장례희망〉이라는 곡을 어디에선가 듣고 적잖이 충격을 받았었다. 슬픔으로만 점철된 장례식을 기쁨과 축복으로 표현해낼 수 있다니. 그리고 언젠가부터 바로 옆에 살포시 똬리를 틀고 수시로 어두운 혓바닥을 날름거리는 죽음의 그림자를 다시 한번 감각하며, 내 장례식장의 모습은 어떠려나 생각해보게 되었다.

　나 역시 그의 마음과 크게 다르지 않았다. 단지 천국과 지옥의 개념이 내게는 크게 다가오지 않아서 축하와 환호성, 박수갈채까지는 모르겠지만, 나를 기억하는 모두가 너무 슬픔에 젖어 있지는 않기를 그 무엇보다 바란다.

　살면서 크게 잘한 점도 없었지만, 크게 나쁜 짓을 한 적도 없었기에 나를 원망하거나 잘 죽었다 생각할 사람은 없을 것 같다. 내 영원할 부재를, 내 죽음을 진심으로 애도하고 슬퍼할 사람들은 나와 함께한 시간을 소중하고 아름답게 기억해주기를 바란다. 가슴이 찢어질 듯한 고통과 허망함을 느끼며 나를 떠올리는 것이 아니라, 일상을 살다가 자연스레 내가 떠오르면 잔잔한 미소를 지을 수 있기를 바란다.

그것 또한 시간이라는 친구가 곁에서 잘 도와줄 것이라 생각한다. 남겨진 이들에게 슬픔의 영역보다는 아름다운 추억 속에 있는 존재가 되고 싶다.

그렇다면 이생을 떠난 나는 사후 세계에서 어떻게 살아갈까.

디즈니플러스의 드라마 〈조명가게〉는 단지 공간만 바뀌었을 뿐 저승에서도 똑같은 모습으로 살아가는 귀신들의 모습을 그린다. 그 누구도 사후 세계를 완벽히 경험한 후에 다시 살아날 수는 없기 때문에, 알 수 없는 미지의 영역에 대한 호기심과 그에 상응하는 만큼의 두려움은 당연할 것이다. 한참 항암 치료를 받던 중에 우연히 보게 된 이 드라마는 내게 굉장한 위로가 되어주었다.

나는 종교가 없기 때문에 천국을 갈 것이라는 기대감도 지옥을 갈 것이라는 두려움도 별로 없다. 내가 갈 곳을 선택하는 신이 누구인지는 모르나, 그동안 살면서 해왔던 수많은 행동의 결과에 대한 모든 데이터를 수집하고 그것의 진위 여부를 쉽사리 판단할 수 있을까 의문스럽기도 하다. 한 인간의 마음은 시시때때로 바뀌고 그 감정은 우주와도 같이 깊고 방대한데, 신이 그것을 어찌 착한 놈, 나쁜 놈이라는 두 가지 인간 유형으로 분별해낸다는 말인가.

혹시 신이 보시기에 내가 나쁜 놈이라고 판단된다면 이의 제기를 해볼 작정이다. 언제까지 이어질지 모르는 지옥 생활을 단번에 수긍할 수는 없지 않은가. 만약 천국과 지옥 중 한 곳으로 무조건 가야 한다면, 이왕이면 아량이 좀 많이 넓은 분이시기를 바랄 뿐이다.

누군가가 대성통곡을 하는 모습을 보면 사람들은 "어디 초상이라도 났어?"라고들 이야기하곤 한다. 죽음이란 것은 왜 이토록 애절하게 슬플까. 아마도 사랑하는 사람들과 다시는 함께할 수 없다는 현실 때문이겠지.

젊은 나이에 죽는다 해도 경험해보지 못한 것들에 대해서는 후회도 미련도 없기 때문에 죽음의 시기는 내게 크게 중요하지 않다. 하지만 그동안 살면서 엮어놓은 삶의 가지들, 특히 사랑하는 내 아이들과 함께해줄 수 없고 내가 가져볼 수 없는 그 시간들이 사무치게 욕심났다. 사후 세계에서도 지금 내가 하는 생각이 그대로 이어진다면 혹시라도 아이들이 너무 보고파서 빨리 내 곁에 오길 바라는, 말도 안 되는 마음이 생길까 두렵기도 했다.

오랜 시간 홀로 그곳에 적응하고 살아야 하는 또 다른 삶이 버겁게 느껴진다. 그래서 죽음 이후에는 아무것도 없기를 바랐다. 그저 무$_無$로 돌아가서 아무것도 기억하지 못하고 내 존재 자체가 바람처럼 흩어져버렸으면 좋겠다고 생각했다. 사랑하는 사람들의 마음속에서만 머무르다 시간이 흘러 그들도 죽음을 맞이하고 나면, 내 존재도 사라지기를 바라는 마음이다.

사람은 모두 죽는다. 오늘이 될 수도 있고 수십 년 후가 될 수도 있을 테다. 그러니 내 장례희망과 사후희망도 언제가 될는지는 알 수 없다.

부디 조금이라도 더 먼 시기에 희망 사항이 이루어질지 아닐지를 확인할 수 있었으면 좋겠다. 오늘 맞이한 하루가 너무나 감사해서 이 시간을 조금 더 누리고 싶다. 사랑하는 이들과 함께.

기적에 대하여 1 ✽

"열었더니 안에서 애들이 다 사멸해 있었어요. 이런 경우가 흔하지는 않은데, 원발암이 워낙 크기가 커서 주변에 침윤했던 흔적이 보이고, 죽어 있는 암세포도 많이 보여서 다 정리하고 췌장머리와 십이지장을 제거했어요. 수술은 잘 끝났어요. 외래 왔을 때 정확한 조직 검사 결과를 봅시다."

수술 후 입원실에 있을 때 회진 온 교수님이 말했다. 함께 서 있던 간호사들이 간간히 축하를 전할 때도 그저 수술이 잘되었다는 뜻으로 받아들였다. 교수님이 설명을 하는데도 무엇이 어떻게 되었는지 판단할 수 없었기 때문에 수술이 잘 끝났다는 말로 마음을 쓸어내렸다. 이제 몸을 좀 추스르고 나서 예방 항암을 하면 된다. 그리고 몇 개월에 한 번씩 있을 CT 검사 받고, 앞으로 건강 관리만 잘하면 되겠다고 생각했을 뿐이다.

수술 후 일주일이 되었을 때, 신촌 세브란스병원 간담췌외과 교수였던 분이 운영하고 있는 췌장담도암 전문 의료 요양 병원으로 연계되어 이동했다. 이곳에서 2주 동안 머무르며 남은 치료를 하고 심신을 안정시킨 뒤 집으로 돌아가기로 했다.

먼저 진료실에서 원장님과 상담을 하기로 했다. 원장님은 신촌 세브란스병원에서 보내준 자료를 검토하고 하나하나 세세하게 설명해주다가, "와, 완전 관해된 환자를 진짜 오랜만에 봐서 제가 다 기분이 좋네요"라고 말씀하셨다.

암세포가 사멸했다는 것을 완전 관해되었다고 표현한다는 것을 그때 처음 알았다. 배정받은 입원실에서 물건 정리를 하면서 계속해서 머릿속에 맴도는 생각이 있었다.

어차피 수술할 수 있다는 말은 수술 불가능한 4기에서 수술 가능한 초기 상태로 암세포가 줄어들었다는 뜻이고, 그렇다면 수술해서 다 떼내면 수술을 마친 환자들의 상태는 모두 동일하게 완치로 볼 수 있는 것 아닌가. 예방 항암을 하고 관리도 잘 하면서 1년 이내 50%, 3년 이내 80%의 전이와 재발률의 허들을 또 뛰어넘어야 하는 것은 마찬가지 아닌가.

그런데 왜 자꾸 완전 사멸이나 완전 관해 같은 표현을 쓰지?

저녁 회진 때 원장님께 물어보았다. "진료 때 관해되었다고, 완치라고 말씀하셨는데 어차피 1기, 2기 환자들도 뱃속에 있는 암세포를 다 떼내고 나면 일단은 완치로 볼 수 있는 것 아닌가요? 수술한 환자랑 완전 관해 환자랑 어떤 차이가 있는 거예요?"

일단 수술은 했어도 CT상에 보이지 않았던 암세포들이 자잘하게 흩어져 있어 다 제거하기 힘든 경우도 있고, 세포가 살아 있고 림프관 전이가 있다면 원발암을 떼낸다 하더라도 암세포가 어디에 있을지 알 수 없는 경우도 있고, 암세포들이 다른 곳에서 자리를 잡았을 확률이 아주 높은 경우도 있다고 한다.

하지만 모든 암세포가 사멸되어 림프관에 옮겨 간 암세포까지 모두 죽은 것으로 판단될 경우에 '완전 관해'라는 표현을 쓰는데 선항암수술 전에 항암제를 먼저 투여하는 치료 방식 중에 이렇게 완전 관해되는 확률 자체가 아주 희박하다고 한다. 1기나 2기 환자 중 100명에 한두 명 나오기도 하는데, 4기 환자가 선항암으로 완전 관해된 사례는 원장님도 처음 본다고 했다.

신촌 세브란스병원의 외과 교수로 있었고, 췌장암과 담도암으로 유명한 분당차병원에서도 간담췌 전문의로 있었던 원장님은 2016년부터 시행했던 선항암 환자 중 완전 관해된 데이터 9년치를 모두 다 가지고 있는데 그중에 재발한 환자는 한 명도 없다고 말했다. 그래서 사실상 완치라고 보아도 무방하다고, 굉장히 드문 사례이며 감사해야 한다고도 덧붙였다.

꼼꼼한 설명을 듣고서야 지금 내가 마주한 상황의 의미가 피부로 직접적으로 전달되는 듯했다. 수술을 하게 된 것만으로 감사하고 있었는데 전이와 재발의 확률마저 거의 없어진, 완치라 부를 수 있는 상황을 맞이한 것이 얼떨떨하기만 했다. 분명 기적을 맞이했는데, 나는 얼마만큼 행복해야 하는지조차 가늠하지 못하고 있었다.

잠시 멍한 상태가 지나고 생각이 흘러가면서 허락되지 않을 것처럼 닫혀 있던 미래의 문이 환하게 열리는 느낌을 받았다.

남편과 아이들에게 상실의 아픔을, 부모님에게는 참척의 고통을 겪게 하지 않을 수 있었고, 좋아하는 사람들과 샴페인 한 잔 정도는 곁들일 수도 있었다. 지긋지긋한 손발 저림과 이별할 수 있게 되었고, 그렇게도 먹고 싶었던 양념게장과 멍게를 먹을 수 있게 되었고(항암 환자는 세균 감염의 위험으로 날것을 먹지 못한다), 다이어트든 운동이든 선택의 영역 안에서 계획할 수 있게 되었다. 일상에서 염려를 받는 입장이 아니라 에너지를 줄 수 있는 입장이 되었고, 또다시 미래를 계획할 수 있게 되었고, 약속이란 것을 할 수 있게 되었다. 여행도 이제 어디든지 갈 수 있다.

내게도 '나중에', 혹은 '다음에'라는 말이 허락된 것이었다. 내가 마주한 온갖 미래가 가늠되기 시작하면서 벅찬 행복이 밀려왔다. 그리고 눈물이 흘렀다. 이제야 이 기적과도 같은 상황이 주는 기쁨이 느껴졌다.

감정은 덩어리로 한꺼번에 감각되지 않았다. 실타래를 조금씩 풀어내듯 내게 허락되는 미래의 가능성이 조금씩 조금씩 느껴질 때마다 매번 새롭게 행복감을 맛보았다. 생각이 길어지고, 생각의 가지가 뻗어나갈수록 몸 안에 도파민이 솟구치는 느낌이었다. 항상 두려움과 막연함을 옆에 세워둔 채로 조심스럽게 미래를 그렸는데 이제는 막힘없이 미래를 그릴 수 있음이 얼마나 행복한지….

이 기쁨의 조각들이 점차 형태를 갖추고 조금씩 스며들자 진정한 감사와 충만한 기쁨으로 승화되었다. 감사하고, 감사하고, 또 감사하다.

나는 이제 뭐든 다 할 수 있다!

수술 전날 통화에서 아빠가 말했다. "주혜야, 눈앞만 보지 말고 먼 산을 보고 가라. 먼 산만 보고 가면 된다. 아빠가 우리 쭈쭈야 진짜 많이 응원한다."

아빠의 말씀에 얀 마텔의 소설 《포르투갈의 높은 산》이 떠올랐다. 어떤 식으로든 아픔을 겪은 세 명의 주인공은 모두 '포르투갈의 높은 산'을 향해 간다. 그곳에 가면 자신의 삶을 지탱해줄 무언가를 발견할 수 있다고 믿으면서. 하지만 포르투갈에는 높은 산이 없다. 그곳에 무엇이 있고 없는지는 이미 중요하지 않은 것이다. 분명 그곳에 어떤 것이 존재하리라는 믿음이 무엇이라도 발견하게 할 것이라 확신하는 것이다.

아빠가 이야기한 그 먼 산에 나는 이미 다다른 느낌이었다. 멀게만 느껴졌던 산에 당도한 나는 기적이자 선물처럼 주어진 또 하나의 생의 초입에서 끝없는 행복감을 감가하는 중이다.

기적에 대하여 2 ✳

나는 지금 누가 보아도 기적이라고 부를 수 있는 상황 속에 머물러 있다. 세상에는 분명 기적이 존재함을 알고 있었지만, 내 머리맡이 아닌 저 멀리 어딘가에 누군가의 머리맡에 놓여 있을 것이라 생각했었다.

그런데 아니었다. 기적은 바로 내 머리맡에도 올 수 있는 것이었다. 어떻게 이런 엄청난 기적이 나에게 올 수 있었을까.

벅찬 감사의 마음 끝에 지난날을 되짚어본다. 인간이 범접할 수 없는 운의 영역에서도 내 노력이나 의지가 어느 정도 작용할 수 있었을까 하는 생각이 꼬리를 문다.

나는 종교는 없지만 운은 믿는다. 암 진단을 받은 후에 지인에게 이런 말을 했었다. "나는 지금까지 인생을 살면서 운이 참 좋은 사람이라는 생각을 많이 했는데, 이 암이 어차피 내게 올 운명이었다면 이제 내게 남은 운은 암을 없애는 데 다 쏟아붓고 싶어."

그리고 지금, 그 말은 현실이 되어 있다. 그렇게 오늘의 기적을 맞이한 덕분에 더욱더 운의 힘을 믿는 사람이 되었고, 어떻게 이런 운을 내게로 끌어올 수 있었을까 생각했다. 확인할 수도 검증할 수도 없지만, 내가 말끔해진 정신과 좋은 기운으로 주변을 채우기 위해 의도적으로 세팅했던 몇 가지 사항들을 적어보려 한다.

제일 먼저 했던 것은 인간관계 정리였다. 그간 정리하고 싶었으나 정리하지 못한 채 애매한 사이로 남이 있던 몇몇 관계를 이번 기회에 단호하게 정리했다.

만나고 났을 때 시간이 아깝다 여겨지거나 즐거움 대신 찝찝함이 남는 만남인지 아닌지를 기준으로 삼았다. 상대의 흠결만 찾아내려 하고 잘된 일에는 조금도 축하할 줄 모르는 사람, 멀찍이 아는 지인보다도 못한 관계지만 친구라는 이름으로 남아 있던 사람, 늘 어둡고 염세적이어서 부정적인 태도가 전해지는 사람, 삶을 주체적으로 살지 못하고 늘 남에게 기대기만

하며, 다른 이의 좋은 기운을 빼앗으려는 에너지 뱀파이어 같은 사람.

건강 회복에만 집중해야 하는 내 의식 세계에 늘 평온하지 못한 기운을 불러일으키고 좋은 기운을 빼앗아 가는 관계는 지금 이 시점에서 반드시 정리해야 한다고 판단했다. 서로에게 좋은 관계는 아니었을 테니 상대방 쪽에서도 아쉬울 것은 없었으리라 짐작되지만, 그래도 누군가를 정리한다는 것에 처음에는 좀 미안하기도 했다. 그러나 이내 평정을 찾을 수 있었고, 좋은 사람들과 맑고 긍정적인 기운만 주고받을 수 있다는 생각에 마음이 충만해졌다.

두 번째는 묵은 짐 정리였다. 풍수지리학적으로 좋은 기운을 집에 불러들이려면 현관 입구가 깨끗하게 정리가 잘 되어 있어야 한다는 이야기를 한 번쯤은 들어보았을 것이다. 나는 여기에 더해, 현관부터 시작해 집 전체의 묵은 짐을 정리하기로 마음먹었다. 마음에 조금의 거리낌이라도 남기는 것은 깨끗이 정리해버리고 싶었다.

이 결정에는 아주 개인적인 사건의 영향도 있었다. 작년 7월, 계속된 복통으로 병원에 가서 MRI를 찍어놓고 결과를 기다리던 어느 날 밤에 꿈을 꾸었다. 출근하려고 현관문을 열고 나가니, 문 앞에 쌀 포대가 여러 개 쌓여 있는 것이었다. '우아! 이게 웬 쌀이지. 당분간은 쌀 안 사도 되겠네' 하며 그중에 입구가 봉해지지 않은 한 포대 안을 들여다보았다. 그 안에는 검정 쌀벌레와 이상한 애벌레 같은 것들이 버글대고 있었고, 놀란 나는 꿈에서 깨어났다.

너무 찝찝한 꿈이어서 그저 개꿈이겠거니 치부했고, 설령 검사 결과에서 안 좋은 소식을 듣는다 할지라도 그나마 좀 덜하기만을 바랐다. 하지만 그때 최악의 검사 결과를 만나게 된 것이었다.

암 진단 직후에는 내 몸 이외에 그 어떤 것도 생각하기 힘들었기 때문에 신경 쓰지 못했는데, 항암 치료가 시작되고 치료 루틴이 조금씩 잡혀가면서 꿈속에서 보았던 쌀 포대의 혐오스러운 장면이 때때로 떠올랐다. 그래서 현관 앞 물건부터 정리하기로 마음먹었다. 공간별로 집 안의 모든 불필요한 것을 싹 정리하고 깨끗하게 정돈하니 마음까지 말끔해졌다.

운이란 것이 존재한다면 지저분하고 묵은 짐이 가득 차 있는 집이 아니라, 깨끗하게 청소되고 정리정돈이 잘 되어 있는 집에 들어가고 싶지 않을까 짐작해본다.

세 번째는 긍정적인 정신 회로를 끝없이 가동하는 것이었다.

언젠가 친한 후배가 내게 "선생님은 좀 심하게 긍정적인 것 같아요"라는 말을 한 적이 있다.

나는 늘 무엇을 하든 자잘한 실패들은 당연한 과정이니 별로 신경 쓰지 않는 편이다. 스스로 포기를 선언하지 않는다면, 실패는 과정 속에서 교훈을 주며 단단하게 자리 잡는다. 그래서 무엇을 하든 결국에는 분명히 잘될 거라고 생각하는 초긍정적인 성향이 있다. 덕분에 이것저것 일을 벌이고 좋은 결과를 낼 수 있었던 것도 같다. 겁도 없이.

하지만 이번만큼은 정확히 초긍정적인 성향이 나를 살렸다고 생각한다. 수많은 의사들이 입을 모아 이야기한다. 상황을 담대하게 받아들이고 적극적으로 치료에 임하는 환자들이 완치 확률이 높다고.

다른 환자들보다 짧다면 짧게 마무리된 항암 치료와 긴 수술을 거쳐 놀라운 결과를 맞이하기까지 매번 좋은 결과만을 마주하지는 않았다. 중간에 수술을 하지 못할 수도 있다는 말도 들었고, 항암 결과가 좋아지지 않고 정체된 시기도 있었다. 그럴 때마다 나도 인간인지라 의기소침해졌다. 늘 희망을 생각하면서도 불안과 두려움 속에서 우울해질 수밖에 없었다.

하지만 나는 곧 털고 일어났다. 그렇게 암이 내 삶을 황폐하게 만들어갈수록 알 수 없는 투지가 생겼다. 비참하게 일방적으로 굴복하지는 않겠다는 굳은 의지와 함께 또다시 긍정적인 미래를 그리며 희망을 세팅했다.

늘 이야기하지만, 암이 내게로 온 사실 자체를 겸허히 받아들이는 것과 암에 순응하고 체념하는 것은 완벽히 다르다고 생각한다. 내게 온 것은 맞으나 이후의 내 삶을 오로지 암에만 지배당할 생각은 추호도 없었다.

'줄탁동시 啐啄同時'라는 사자성어가 있다. 병아리가 알에서 깨어나기 위해서는 알 안팎으로 병아리와 어미 닭이 서로 쪼며 도와야 순조롭다는 뜻이다. 즉 내부 역량과 외부 환경이 적절히 조화됨으로써 창조되는 것을 말한다. 내 작은 의지들이 미세한 꿈틀거림들을 만들어 떠다니는 운의 눈에 띄었고, 그렇게 의지와 운이 결합해 놀라운 기적을 만들어냈다고 믿는다.

모든 기준은 내 마음 상태다. 누가 무엇이라 하든 내 마음에 거리낌이 없이 맑아야 내 바람과 희망도 명료해지고 떳떳해지며, 좋은 기운이 스민다고 믿는다.

그저 말도 안 되는 개똥철학으로 치부하지 않고 주변 정리, 마음 정리를 통해서 맑은 정신에 좋은 기운이 들어온다고 믿어보면 어떨까. 믿든 안 믿든 손해 볼 것은 하나도 없지 않은가. 혹시 알까. 여기저기 떠다니던 기적이 어느 순간 당신의 어깨 위에 사뿐히 내려앉을지도.

암이 내게 준 것

어제는 수술하고 한 달 만에 외래 진료가 있었다. 오전에 외과 교수님 진료를 보고 오후에는 내과 교수님 진료가 잡혀 있었다. 수술 경과와 앞으로 남은 예방 항암 일정이 어떻게 진행될지에 대한 결정이 있는 중요한 날이었다.

진료실로 들어서는 내 표정이 환해 보였는지 얼굴이 많이 좋아졌다는 인사를 건넨 외과 교수님은 차트와 CT 사진을 번갈아 보며 "깨끗하고, 깨끗하고, 깨끗하고…"라 말했다. 깨끗하다는 말이 이토록 깨끗하게 들릴 줄이야! 암세포들은 완전히 사멸된 상태고 수술도 잘되어서 통상적으로 3개월 후에 한 번 더 진료를 보면 되는데, 나는 6개월 후에 보자고 하셨다.

진료실을 나와 남편과 김치찌개로 점심을 맛있게 먹고 오후에 내과 교수님을 만났다. 늘 조심스러운 성정이 표정에도 고스란히 드러났던 분인데 나를 향해 활짝 웃는 모습을 처음 보았다. 큰 수술이라 합병증을 걱정했지만 무사히 끝나 다행이라며 축하해주셨다. 그 웃음을 마주하니 지금 상황이 더욱더 명쾌하고 감사하게 다가왔다.

림프관이랑 임파선 쪽도 모두 깨끗해서 무리하게 항암 치료를 하는 것은 무의미할 듯하니 체력을 조금 더 회복한 후에 두 달간 임핀지 면역 항암제만 한 달에 한 번씩 투여하고, CT를 본 뒤 예방 항암을 지속할지 결정하기로 했다. 수술이 끝나도 한 달에 두 번은 통원하면서 힘든 항암을 견뎌내야 한다고 생각했는데 그러지 않아도 된다니 이 또한 얼마나 감사하고 기쁜지. 그렇게 가벼운 마음으로 병원을 나섰다.

췌장암 4기 최초 진단을 받은 지 10개월이 지났다.

처음에 진단을 받고 향후 살아가는 시간을 조금이라도 늘리기 위해 몇 년이 되었든 치열하게 싸워보겠다 마음먹었는데, 10개월이라니 너무 순식간에 종료되어버린 듯하다. 그래서 더욱 얼떨떨하고 하늘에 진심으로 감사드린다.

암 진단을 받은 이후부터 절대로 일어나지 않을 일은 없다는 결론을 내렸다. 누군가의 삶에서만, 소설이나 영화에서만 일어날 것 같은 일들이 내 삶에도 충분히 일어날 수 있음을 이제야 깨달은 것이다.

그래서 조금 더 대범해졌다 해야 하나. 원래도 지난 일을 곱씹으며 괴로워하거나 과도하게 기뻐하는 성정은 아니었지만 이제 더더욱 일희일비하지 않게 되었다. 사망 선고와도 같은 암 진단 직후 지인들에게 보냈던 메시지에도 그런 생각이 담겼었기에, 메시지를 받은 사람들이 대범함에 참 많이 놀랐다고 들었다.

그래서 수술 후 기적과도 같은 소식을 접했을 때도 너무 들뜨지 않으려고 노력했다. 좋은 일에 너무 설레발치고 돌아다니면 부스럼이 생길 것 같아 조심스럽고 또 조심스러웠다.

감정의 절제가 이 책에도 고스란히 묻어났을지 모르겠다. 하지만 태풍처럼 휘몰아친 안 좋은 소식도, 태양처럼 떠안겨진 좋은 소식도 순식간에 감정의 폭발이 이는 것처럼 커다란 하나의 덩어리로 감각되지는 않았다. 곰곰이 생각해보고 상황이 갖는 의미를 하나씩 되짚어가다가, 생각이 뉴런에 도착하고 나면 시냅스를 타고 온갖 감각의 영역으로 흐르는 것처럼 서서히 내 몸 곳곳으로 슬픔도 기쁨도 뻗어나갔던 것 같다.

상황은 상황일 뿐 좋거나 나쁜 상황은 없다고 생각하곤 했지만 췌장암 판정은 생각하고 말고 할 것 없이 안 좋은 상황임에 틀림이 없었다. 그럼에도 죽음은 생각하지 않기로 했다. 그리고 왠지 죽을 것 같지는 않았고.

내가 겪은 이 일은 삶에서 가장 중요한 것이 무엇인지를 깨닫게 해주는 사건이고, 아직도 수없는 유혹에 흔들리는 어리석은 나를 일깨워 더 단단하고 올곧은 인간으로 만들기 위해 하늘이 주시는 성장통이라 생각하려 했다. 시간이 지나고 나자 내 생각이 옳았음을 알 수 있었다.

잃어보아야 가치를 깨닫는다는 진리를 알고 있으면서, 우리는 때로 혹은 전혀 자신의 삶에 그것을 적용하지 않은 채 살아간다. 삶을 참으로 즐겁고 열심히 살았다고 자부했던 나는 어쩌면 가장 중요한 건강은 외면한 채 살고 있었는지도 모르겠다. 건강을 잃었을 때 자유와 미래와 삶 모두를 잃었다는 사실을 체감했다.

복통이 지속되기 시작하고 췌장염이 의심된다는 동네 병원 의사 말에 지인들에게 "이제 술은 못 마시는 걸까. 아, 술 안 마시고 무슨 낙으로 사나. 내 삶의 큰 낙을 하나 잃어버렸어"라고 슬퍼하던 그때의 나를 떠올려본다. 이제 와서 생각하면 '뭐

저런 철없는 것이 있나' 싶어 어이가 없을 정도다. 불과 1년 전의 내 모습이었다. 아직도 정신을 '씨게' 못 차리고 있던 나.

  투병하면서 가장 나를 힘들게 했던 것은 당연하다고 생각했던 사랑하는 이들과의 미래를 그릴 수 없다는 사실이었다. 내 삶에 당연히 주어진 권리라 생각했는데, 당연한 것은 그 무엇도 없었다.

  밝은 햇살, 따뜻하고 포근한 바람, 사시사철 다른 모습과 온도로 다가오는 자연의 아름다움, 맛있는 음식, 사랑하는 이들과 아무 걱정 없이 보낼 수 있는 하루하루가 더 이상은 내게 허락되지 않음이, 미래에 남편과 아이들 곁에 내가 함께할 수 없음이 사무치게 서러웠다.

  사랑하는 사람들과 함께할 수 있는 삶은 축복이 확실하다. 그리고 내게는 허락되지 않을지도 몰랐던 시간이 다시 눈앞에 펼쳐졌다. 인생의 2막을 시작하게 해준 기적 속에서 나는 이 소중한 시간을 더없이 소중하게 생각하며 살아가려 한다. 투병 생활을 하며 보낸 10개월은 늘 미래의 어떤 순간들을 꿈꾸며 살았던 내가 지금 이 순간을 직시할 수 있도록 밝고 맑은 눈을 뜨게 해준 시간이었다.

앞으로 내게 또 어떤 시련이 올지 알 수 없다. 조심스럽게 완치라는 표현을 쓰기도 하지만, 암이 한번 똬리를 틀었던 집이라 또 다른 암이 생겨날지 알 수 없기 때문에 늘 조심해야 한다. 하지만 또 다른 '나쁜' 상황을 맞이하더라도 일희일비하지 않고 지금 이 상황만을 주시하며, 내게 주어진 삶의 축복을 놓지 않기 위해 담대하게 싸워나갈 것임을 믿는다.

명의 ＊

 많은 암 환자들이 항암 치료를 어디서 받을지를 고민한다. 하지만 환자에게 선택권이 있는 것은 아니다. 당장 급하게 치료를 시작해야 하지만 큰 병원에서 진료를 보기 위해서는, 특히나 해당 분야의 권위자인 의사를 만나기 위해서는 기본 2, 3개월에서 길게는 6개월 이상 기다려야 예약을 잡을 수 있기 때문이다.

 항암 치료를 위해 병원을 선택해야 하는 상황에서, 서울의 '빅 5' 병원으로 가야 한다는 절대적인 믿음이 있었다. 그중에서도 수술이 불가능한 췌장암 환자들을 위한 기적의 의료 기기라 불리는 중입자 치료기를 보유하고 있고, 췌장암 명의로 tvN 프로그램 〈유 퀴즈 온 더 블록〉에도 출연한 바 있으며 췌장 절제술 분야에서 전 세계 상위 0.1% 수준의 권위자 강창무 교수님이 있는 신촌 세브란스병원. 어떻게 해서든 살기 위한 가능성을 1%라도 더 높이기 위해 나는 반드시 그곳으로 가야 했다.

예약을 하기 위해 계속해서 문을 두드리던 중 기적 같은 행운으로 예약을 잡을 수 있었고, 그렇게 내 항암은 신촌 세브란스병원에서 진행되었다. 그리고 8개월 동안 총 10차(20번)의 항암 치료를 했고, 암 크기가 많이 줄어 췌십이지장 절제 수술을 받을 수 있게 되었다.

다른 암들은 서울에 있는 병원에 항암제 선택지가 더 다양하다고 알고 있기에 서울에 와서 치료받는 것이 낫겠지만, 췌장암과 담도암의 경우는 항암제가 굉장히 제한되어 있어 전국의 모든 병원에서 거의 비슷한 약을 처방한다. 그래서 나도 울산에서 항암 치료를 받아도 무방했다.

처음 조직 검사를 하고 진단을 받았던 울산의 대학 병원 종양내과 교수님도 항암약 처방은 전국의 모든 병원이 똑같다고 말했다. 힘든 항암 치료를 버텨낼 체력을 생각한다면, 집 근처에서 조금이라도 편하게 받는 편이 좋을 것이라고. 하지만 내 나이가 워낙 젊으니 이것저것 다 해보고 싶은 마음을 이해한다며, 서울에 가보고 다시 여기로 와도 된다고 덧붙였다.

정말 어렵게 예약을 잡고 두근거리는 마음으로 처음 진료를 보던 날, TV에서보다 훨씬 더 멋진 실물에 건강하고 밝은 아우라가 넘치는 강창무 교수님을 만났다. 심장 뛰는 소리가 밖에 들릴까 걱정했던 나와는 달리 교수님은 아주 쿨하게 이런 말씀을 하셨던 것으로 기억한다. 크기가 좀 커서 지금 바로 수술하면 100% 재발할 것이고, 항암 치료를 하면서 크기를 좀 줄여서 수술하면 될 것 같다고. 항암 잘 버텨내실 것 같다고.

그 말이 칠흑 같았던 내 미래에 처음으로 허락된 한 줄기 빛처럼 다가왔다. 그리고 나는 그 빛을 움켜잡고 어떻게든 따라가기로 마음먹었다.

온라인의 췌장담도암 카페에서 찾아보아도 그렇고 내가 겪은 바로도 그렇고 의사들은 이 무시무시하고도 지독한(오죽하면 '침묵의 살인자'라고 불릴까!) 암 앞에서 말을 많이 아낀다. 아마 다른 희귀성 암 전문의들도 크게 다르지 않겠지만 할 수 있다는 희망보다는 앞으로 내게 나타날 증상들에 대한 설명만 한다.

그래, 어쩌면 그것이 의사들의 일이다. 하지만 나는 "힘든 상황인 것은 맞지만 이겨낸 사람들도 있고, 세상에는 기적이라는 것도 존재하니 힘내보자"라는 긍정적 에너지를 주었으면 어땠을까 하는 아쉬움이 많이 남았다. 헛된 희망이라 할지라도.

지나보니 '헛된 희망'이라는 것 자체는 존재하지 않는 것 같다. 모든 희망은 그 자체로 의미를 가지고 어떤 식으로든 내게 긍정적인 작용을 했을 것이라 확신한다. 같은 긍정적 에너지라도 의사의 입을 통한 응원은 몇 배의 가치로 안정감을 가져다주었으니까.

당연히, 대부분이 그러니까, 불필요한 감정을 소모하기 싫으니까, 희망이 절망으로 바뀌어 더 힘들까 봐…. 모두 다 충분히 이해한다. 하지만 분명 "당신은 당연히 죽을 것이다"가 아니라, "열심히 싸워보자, 해낼 수 있다"라는 긍정 에너지를 주는 의사들도 있다. 수술 성공 이력과 유명세가 아니라 환자의 상황과 아픔에 대한 공감을 중요시하는 의사를 찾아 나서는 것이 지난한 항암 치료 과정에서 환자들이 첫 번째로 해야 할 일이 아닐까 생각한다.

실제로 항암 치료를 해보니 수십 번 쓰러지고 흔들리더라도, 의사에게서 듣는 희망의 말 한마디가 단단한 지주가 되어주었다. 기나긴 항암 치료 과정을 흔들리지 않고 버텨내기 위해서 그보다 더 강력한 버팀목은 없다고 생각한다.

특히 짧게나마 만날 때마다 늘 긍정적인 에너지를 잔뜩 불어넣어주시고, 응원의 말씀을 전해주시는 강창무 교수님께 너무나도 감사했다. 교수님이 보여주신 추진력과 결단력, 그리고 자신감 덕분에 얼마나 든든한 위안을 얻었는지 모른다.

여름으로 잡혀 있던 수술이 4개월이나 앞당겨졌고, 췌십이지장 절제술을 위해 입원을 했다. 수술 날이 다가오면서 이런저런 마음의 번잡함은 있었지만, 수술이 잘못될지도 모른다는 걱정은 정말이지 전혀 하지 않았다. 그만큼 강창무 교수님을 믿었던 것이다.

수술 당일이 되었다. 따로 대기실이 없기에 남편과는 엘리베이터 앞에서 인사를 나누고 수술 침대로 옮겨졌다. 바로 직전까지도 무덤덤했었는데 남편의 손에서 느껴지는 따뜻한 체온과 함께, 잘 하고 오라는 먹먹함이 섞인 말에 갑자기 눈물이 흘렀다. 수술용 침대에 누운 채로 몸과 목을 고정시키고 대기실로 들어가기 때문에 내 눈에 보이는 것은 대기실의 하얀 천장뿐이었다.

그때 한 줄로 길게 쓰인 글귀가 스쳐 지나갔다. "두려워하지 말라, 내가 너와 함께함이라."

두려운 감정이 당연했다. '참 든든한 말이네. 여기 대기실에 있는 사람들은 모두 나와 비슷한 감정이겠구나' 하고 생각하는 와중에 침대는 수술 대기실 맨 끝 어딘가에 덩그러니 세워졌다. 대기 시간은 생각보다 길었고, 간간이 간호사들과 마취과 의사들이 비슷한 질문들을 건네고 갔다.

새하얀 천장과 또 새하얀 벽, 차가운 공기와 어수선한 분위기 속에서 차츰 두려움이 스며들었다. 관 속에 들어가면 딱 이런 느낌이려나. 또 출처를 알 수 없는 눈물이 흘렀다. 무슨 감정이었는지 정확히 알지도 못하겠지만 아마도 두려움과 외로움의 눈물이었던 것 같다.

'빨리 마취해버리면 좋을 텐데….'

그때 누군가가 옆으로 걸어 들어왔다. 강창무 교수님이었다. 왜 이렇게 얼어 있냐고 농담을 하시며, 업무가 바빠서 입원실에 올라가보지도 못해서 미안한 마음에 대기실에 들렀다고 하셨다. 스스로는 괜찮다고 생각했는데 잔뜩 얼어 있었나 보다. 너무 걱정 말라고, 잘 될 것이라고 토닥여주시니 눈물은 정당성을 인정받은 듯 멈출 기색도 없이 계속해서 흘러내렸.

휑한 대기실이 마음에 걸렸는지, 교수님이 간호사들을 향해 말했다. 여기 위에 모빌이나 다른 것을 좀 달아놓든지 그림을 걸어놓든지 해야겠다고. 이래서는 안 그래도 긴장하고 있을 환자들이 더 두렵겠다고. 시설 좋은 다른 병원에 가보면 온통 하늘이고 포근해서 공간 자체가 위로가 된다고.

나는 가만히 누워서 천장만 바라본 채로 강창무 교수님의 이야기에 귀를 기울이고 있었다. 최고의 위치에서, 촌각을 다투는 그 바쁜 일정 속에서도 환자들이 느낄 두려움까지 염려하며 섬세하게 공감할 줄 아는 사람. 내가 가장 존경하는 인물인 마르쿠스 아우렐리우스 황제가 겹쳐 보이는 듯했다. 실력과 인품까지 모두 갖춘 저런 분이 진정한 명의가 아닐까.

그때 나의 머릿속에는 뚜렷한 한 가지 생각밖에 떠오르지 않았다. 아무리 공간이 위로를 주고 환경이 최고인 병원이리 해도 그곳에는 강창무 교수님이 안 계시지 않나…. 결국 민망함을 무릅쓰고 입에서 맴도는 말을 천장을 향해 크게 내뱉고야 말았다.

"저에게는 강창무 교수님의 존재 자체가 최고의 위안이에요!"

그 순간, 간호사들은 환호성을 질러댔다. 교수님도 "와, 사진이라도 찍어야 되는 거 아니야?" 하며 즐거워하는 목소리가 들렸다. 이후 나는 곧 수술대 위로 옮겨졌고 "숨을 깊게 들이마시세요"라는 말이 채 끝나기도 전에 깊은 잠에 빠졌다.

다행히 수술은 잘 끝났다. 여덟 시간이나 소요된 큰 수술이었다. 3년 전 받았던 담관 절제술로 유착이 많이 되어 있는 상태라 쉽지 않았다고 들었다.

수술 후 일주일 정도의 입원 기간 동안 회진 때마다 잠깐씩 본 교수님의 모습은 늘 활기차 보였다. 내 수술만 해도 그 오랜 시간 동안 꼼짝 않고 정자세로 온 신경을 집중하며 말 그대로 생명줄 하나하나를 섬세하게 다루며 수술했을 것이다. 체력과 정신이 보통 강하지 않으면 매일의 고된 업무를 견뎌낼 수 있을까. 천만금을 준다 해도 나 같은 사람은 엄두도 못낼 듯했다.

아마도 의사들은 소명과도 같은 마음으로 직업에 임하고 있을 것이다. 그런 마음을 생각하니 겸허해지는 느낌이었다. 엄청난 업무량에도 불구하고 환자들에게까지 긍정적인 에너지를 나눠주고 섬세하게 공감해주는 모습이 신기해 보이기까지 했다.

이후 담당 간호사가 와서 간, 췌장, 십이지장으로 보이는 종이 모형을 접어가며 내가 받은 PPPD 수술에 대한 설명을 상세히 해주었다. 췌장이 몸의 뒤쪽에 있는 장기라 말로 설명하는 것이 힘들고, 설명을 한다고 해도 전문 지식이 없는 환자들이 쉽게 이해하기 어려운 경우가 많았는데 강창무 교수님이 아이디어를 내어 이런 모형을 제작했다고 알려주었다. 그러면서 교수님은 아이디어가 굉장히 많은 분이라 분이라는 말도 덧붙였다. 안 그래도 교수님께 반해 있던 참인데, 그 이야기를 들으며 '창무 사랑'이라는 팬클럽이라도 만들까, 하는 생각을 0.1초 정도 했던 것 같다.

강창무 교수님!

제게는 교수님의 존재 자체가 위안이있고, 항암 치료 동아 가장 든든한 버팀목이었습니다. 앞으로도 수많은 환우들에게 긍정적인 에너지와 응원, 그리고 최고의 실력으로 새로운 삶을 선물해주시리라 믿습니다.

그 자리에 계셔주셔서 정말 감사합니다.

*

4장 · 그리고 다시, 봄에는

당신에게 들려주고 싶은 이야기 - 정리정돈

"식사 왔어요. 아이고, 이 자리는 늘 이렇게 깨끗하게 정리정돈이 잘 되어 있네. 고마워요. 다른 자리는 식판 둘 데도 없어."

거점 병원에서 수술을 마치고 일주일 입원 후, 연계 병원인 췌장담도 전문 요양 병원으로 옮겨 입원한 지 3일 차. 그러고 보니 식사가 나올 때마다 다른 침대 쪽에서는 식판을 올려둘 데가 없어서 이리저리 서성이던 이모님의 모습을 자주 보았다.

그제야 내 자리와 옆의 자리를 비교해본다. 깔끔하게 정리된 내 자리와 달리 다른 자리들은 먹다 남은 과일, 세면도구와 옷가지, 보습제 등이 모든 선반에 어수선하게 널려 있다.

학원에서 정리정돈 수업을 할 때 수강생들에게 늘 했던 말이 있다. 정리정돈은 일상을 편리하게 하고 불필요한 에너지를 없애며, 공간을 짜임새 있게 쓸 수 있도록 해준다는 장점이 있지만 그보다도 정리정돈의 가장 중요한 효과는 오히려 심리적인 면에 있다고. 깨끗하고 정돈된 공간에서 느껴지는 심리적 안정감 말이다. 늘 머무르는 공간이 깔끔해지고 정돈되면 머릿속까지 정리되고 안정되는 느낌이 든다. 이런 감정은 새로운 도전 앞에서의 의지를 고취하며 더 나아가 삶의 질을 향상하기 위한 시발점을 제공해주기도 한다.

처음 항암 치료를 시작하기 앞서 일단 일부터 내려놓아야 했다. 사업하고, 학원 운영하고, 아이들 돌보고, 책 읽고, 글 쓰며 너무나도 바쁘게 돌아갔던 삶이 한순간에 멈추었다. 시간을 분 단위로 쪼개어 쓰던 내게 갑자기 어마어마한 시간이 덩그러니 놓였다. 시간이 나면 하루 종일 책만 읽고 싶다고 희망하던 때가 있었는데, 막상 이 상황이 되니 책 따위는 눈에 들어오지도 않았고 아무것도 하고 싶지 않았다.

모든 것이 허망하게 느껴졌고, 무엇을 해야 하는지, 왜 해야 하는지 이유를 찾지 못했다. 내게 주어진 역할과 의무가 모두 사라졌고, 나는 그저 내 몸만 돌보면 되는 사람이 되어 있었다. 갑자기 찾아온 시간의 늪 속으로 나는 허무와 함께 빠져들고 있었다.

항암 치료를 하면서 환우들이 가장 경계해야 하는 감정이 허무가 아닐까 하는 생각을 했다. 다가올 미래에는 죽음밖에 없는 상황, 내 의지로는 그 무엇도 바꿀 수 없는 상황, 그동안 걸어온 모든 삶의 과정을 부정당하고 앞으로 그 어떤 밝은 미래도 그리지 못하는 상황이니까. 이 상황에서 무언가를 해보려고 애써본들 무엇이 달라질까. 다 부질없이 느껴지는 것이 당연하다.

그러다 문득 이런 의식의 흐름이 계속되고 생각이 좀 더 깊어지면 헤어 나올 수 없는 우울증에 빠질 수 있겠다는 생각이 들었다. 실제로 암 환자들 중에는 항암 치료가 지속되면서 정신과 치료를 함께 받는 경우도 허다하다.

나 또한 암 진단을 받고 치료를 시작할 때 삶의 모든 것에 잠시 흥미를 잃었었다. 이방원도 아니면서 모든 상황 끝에 '이런들 어떠하며 저런들 어떠하리…. 난 어차피 죽을 건데' 하는 생각이 계속 따라붙었다. 나 아니면 안 된다는 생각으로 이루어온 그 모든 것들이 내가 사라지고 나면 다른 누군가의 몫으로 대체될 것이었다. 내 욕심껏 꾸려온 만큼을 그들에게 기대할 수도 없을뿐더러, 또 그럴 이유도 없었다.

마침내 그런 허무 속에서 벗어나야겠다고 마음먹었을 때, 살아 숨 쉬는 동안에라도 스스로 할 수 있고 내 손길로 유지할 수 있는 것들은 유지해보기로 했다. 누구도 내게 암 환자 이외의 모습은 기대하지 않았지만, 그럴수록 얼마만큼 허락되어 있을지 모를 평범한 일상을 아무 일도 없었던 것처럼 평화롭게 보내고 싶은 의지가 생겼다.

그 의지의 주체는 당연히 아이들이었다. 항암 치료로 늘 초주검이 되어 미라처럼 침대에 붙어 있는 엄마의 모습만을 기억하게 할 수는 없었다. 처음 암이라고 진단을 받던 날 병실에서 '아, 책을 써야겠구나'라고 생각했던 것처럼, 일의 경중을 가리지 않고 내가 할 수 있는 것들을 찾아 일상의 곳곳에 일부러라도 마련해놓기로 했다.

시시때때로 희뿌연 안개와도 같은 미래를 그리며 두려움 속에 갇혀 있다 보면 스멀스멀 침윤해오는 어둠의 그림자가 나를 집어삼키는 듯한 느낌을 받을 때가 있다. 머릿속도 몸도 물을 잔뜩 머금은 스펀지처럼 무겁기만 하지만, 그럴 때마다 몸을 일으켰다.

아프고 난 이후로 꼼꼼하게 정리하지 않아 어수선해진 집 안부터 청소하고 조금씩 정리하기로 했다. 처음에는 가볍게 화장실 청소부터 하려고 시작했다가, 어느새 바빠서 물건만 쌓아놓았던 주방 베란다를 싹 뒤집었다. 이어서 집 안의 모든 공간을 조금씩 공들여 청소하고 정리했다. 며칠이 걸렸지만 내 마음에 쏙 들게 정리된 공간을 바라볼 때면 그 어느 때보다 상쾌한 마음이 들었다.

정돈된 공간에서 마음까지 정돈되는 것은 확실하다. 아이들 학교 보내고 남편도 출근하고 나서, 따뜻한 차를 한 잔 타서 홀짝이고 있노라면 정돈된 책상에 앉아 글을 쓰고 싶은 마음이 생겼다. 아이들이 돌아올 시간이 다가오면 깔끔한 주방에서 맛있는 저녁을 준비하고 싶어졌다. 이런 생활의 루틴 속에서 나는 조금씩 마음의 안정을 찾아갔던 것 같다.

평생을 인생의 주체로 살아가며 삶을 내 의지대로 끌어가다가 한순간에 다른 이의 도움 없이는 살 수 없는 상태가 됐다. 하지만 나는 나를 놓아버리지 않기로 했다. 다른 이에게 짐이 되고 무용하기만 한 환자의 모습으로 있는 것이 아니라, 작은 일이라도 내가 필요한 어떤 일을 만들어냈다. 그리고 보란 듯이 해낸 후 성취감을 맛보았다. 그 작은 변화들로 내 쓸모를 확인하고 긍정적인 에너지를 조금이라도 이끌어내어 희망의 기운을 한 스푼 더 보탰다. 어쩌면 내게 필요했던 것은 바로 이런 변화였을지도 모르겠다.

정리정돈의 효과는 전문 서적뿐 아니라 자기 계발서나 성공한 사람들의 자서전 등 수많은 책에서 언급된다. 그중 암 환우들에게 긍정적인 심리적 효과를 기대할 수 있는 연구가 있어 내용을 덧붙여본다.

뉴멕시코대 앤더슨 경영대학원 행동 연구소 캐서린 로스터 박사는 이렇게 설명했다. "정리정돈은 환경에 대한 통제력을 새롭게 느끼게 해준다. 물건에 제자리를 찾아주면서 자유와 해방감을 느끼고, 이를 통해 주인의식과 통제력을 되찾을 수 있고, 스스로 더 유능하고 효율적인 존재라고 생각할 수 있다. 환경에 대한 통제력이란 정리정돈을 함으로써 내 영역 안의 공간을 내 멋대로 통제하는 것을 말한다. 하여 '이 안에서는 내 마음대로 할 수 있다'라는 마음을 느끼기 때문에 자유와 해방감 같은 감정을 느끼는 것이다."

허무 속에 머물러 있는다고 해서 당장 큰일이 일어나지는 않는다. 하지만 오랜 시간 동안 계속해서 두려움과 허무의 심연 속에 갇혀 있으면 삶의 의지를 놓아버리게 될지도 모른다. 사람마다 시기는 다르겠지만 허무 속에서 방황하다가 이제 무엇이라도 조금은 해보아야 하지 않을까 하는 의지가 생겨나는 시점이 분명히 있을 것이다. 그럴 때 작은 공간일지라도 청소와 정리부터 시작해보기를 권한다.

막연한 미래 앞에서 무엇도 내 의지로 바꿀 수 없다는 무력감에 사로잡힌 암 환우들이 작은 공간이라 할지라도 그 공간의 통제권을 되찾고, 암이 가져간 삶의 통제권을 아주 조금씩이라도 되찾아본다면 자신의 쓸모를 확인하는 계기가 될 수 있다. 작은 성취감을 맛보고 정돈된 공간에서의 긍정적인 기운으로 삶의 의지를 다지며 미래의 희망을 불러일으키는 것이다.

내 삶은 암이 아니라 내가 통제하는 것이다. 하루하루의 의지가 모여 우리에게 어떤 기적으로 찾아올지는 아무도 모를 일이니까.

당신에게 들려주고 싶은 이야기 - 새옹지마 ✳

 암 전문 요양 병원에 입원한 지 딱 일주일이 지났을 때, 저녁 회진을 온 원장님이 말했다. "예전에 주혜 님이 할 수 있다고, 살 수 있다고 말해주는 의사들이 없어서 서운했다고 하셨는데, 초기 CT를 살펴보니 어떤 의사도 그런 말을 해줄 수 없었을 거예요. 원발암도 7.5cm가 넘을 정도로 엄청 큰 편이지만, 주변 림프관에 암세포들이 너무 많이 번져 있어서 항암 치료를 병행하더라도 1년 정도면 잘 버틴 거라 판단할 수밖에 없는 상황이었어요. 만약에 주혜 님에게 살 수 있다고 말해준 의사가 있었다면 그건 거짓말이고, 나중에 멱살 잡을 일이 생길 수도 있었던 거죠."

 그 이야기를 들으니 아찔했다. 내가 얼마나 절망적인 상황에서 헤어 나왔는지 다시 한번 실감하게 하는 말이었다.

그리고 원장님은 의사들이 따뜻한 응원과 격려를 아끼는 것에 대해서도 이야기해주었다. 나처럼 그냥 따뜻한 위로로 받아들이는 사람이 있는가 하면, 잘될 것이라 해놓고 왜 이렇게 되었냐며 역정을 내는 경우도 허다하다 했다. 죽음이라는 너무나도 예민한 화두 앞에서 의사가 건네는 말 한마디의 위력은 그만큼 대단해질 수밖에 없기 때문일 것이다. 세상에는 너무 다양한 사람이 존재하고 어느 의사든 그런 일을 몇 번씩 당해보았기 때문에 확실한 결과가 예측되는 희망적인 경우를 제외하고는 절대로 말을 함부로 하지 않는다고 차분하게 설명해주었다.

그저 짐작하기만 했었는데 직접 의사의 입으로 들으니 이해가 가고도 남았다. 초기 단계부터 내 상태와 여러 정보를 알기 쉽고 꼼꼼하게 설명해준 원장님 덕분에 어느 때보다 차분해질 수 있었고, 지금 내 상황에 더욱 감사할 수 있었다. 이곳에 입원하길 정말 잘했다는 생각을 다시 한번 했다.

우리는 살아가면서 하루에도 몇 번씩 크고 작은 사건을 마주한다. 대부분은 그저 스쳐 지나가는 사건일 테지만 가끔 삶의 뿌리를 뒤흔들 만큼 큰 사건을 마주할 때는 그것에 가치 판단을 적용해 크게 일희일비하며 살아간다. 개중 건강과 관련되어 죽음을 떠올릴 수밖에 없다면 극단적으로 나쁜 상황임은 의심할 여지가 없으므로, 우리의 감정은 슬픔과 절망으로 휩싸일 수밖에 없을 것이다.

중국 작가 위화의 《인생》푸른숲, 2007년이라는 책을 읽은 적이 있다. 읽을 당시에는 별 감흥이 없었는데 이후 십수 년이 흐르는 동안 머릿속에서 잊히지 않고 때때로 떠올리는 책 중 하나다. 그런 책을 보고 다들 '인생 책'이라 부르니, 내 인생 책 중 하나라 말해도 무방할 듯하다.

《인생》은 '푸구이'라는 남자의 삶을 다룬다. 철없던 젊은 시절을 지나, 시간이 흐르며 점차 가장으로서의 책임감을 습득해나가는 한 남자의 이야기. 어디선가 한 번쯤은 들어보았을 만한 내용인 듯도 하지만 여러 에피소드가 한 사람의 인생에 켜켜이 쌓였을 때 그 삶은 어떻게 흘러가고 어떤 가치관을 만드는지를 생각하게 되는 책이다.

노인이 된 푸구이가 자신의 삶을 회상하는 장면이 특히 인상 깊었다. 당시에는 하늘이 나를 버렸구나, 어찌 살라고 내게 이런 시련을 주나 생각했었는데, 지나고 보니 그런 시련이 더 큰

화를 피하게 해주기도 했고 어떨 때는 화가 아니라 복을 가져다주는 시발점이 되어주기도 했다고. 결국 "인생만사 새옹지마"라는 교훈을 내 머릿속에 선명하게 각인해준 책이다.

최악의 상황이라 여겨지더라도 너무 일희일비하며 수렁에 빠지지는 않았으면 좋겠다. 그 순간에는 최악처럼 느껴지더라도 이후에 전화위복이 되어 내 삶에 어떤 긍정적인 영향으로 되돌아올지는 아무도 모를 일이다.

암 투병 중에 니체의 초인 사상을 바탕으로 한 명언을 자주 떠올렸다. "나를 죽이지 못하는 고통은 나를 더욱 강하게 만든다." 이 병을 이겨내고 나면 얼마나 강하고 단단하고 멋진 사람이 되어 있을까. 꼭 이겨내서 한층 성장한 사람으로 거듭 태어나야지. 이런 막연하지만 긍정적인 설렘을 느끼곤 했다.

그러니 당신도 끊임없이 희망을 떠올렸으면 좋겠다. 우리에게는 결국 희망밖에 없으니까.

당신에게 들려주고 싶은 이야기 - 짐 나누기 ✱

워낙 독립적인 성향이라 애초에 부탁을 잘 하지 않는 데다가 누군가에게 폐를 끼치는 일을 정말 싫어했던 내가 암 진단과 함께 하루아침에 민폐 그 자체가 되어버렸다. 암 진단의 충격뿐만 아니라 평생 편안하게 받아본 적이 없는 낯선 마음과 도움에 대한 민망함까지 극복해야 하는 상황이 된 것이다.

다행스럽게도 시간이 흐르면서 민망함에도 적응이 되어버린 것인지, 아니면 그것까지 고민할 정신이 없어진 것인지 자연스럽게 부탁을 할 수 있게 되었다. 도움이 필요한 상황에 마주해도 의연할 수 있었다.

나는 민폐라고 표현했지만, 암 환자를 향한 보살핌과 부탁 속에는 다양한 의미가 내포되어 있다. 대부분의 사람들은 암 환자를 마주했을 때 어떻게 대해야 할지 몰라 당황한다. 혹시나 섣부른 위로로 더 큰 상처를 줄까 조심스러워하고, 자신이 할 수 있는 것을 해주고 싶어 하지만 정확하게 무엇인지는 잘 모른다.

물론 암 환자들도 당황스럽기는 마찬가지다. 갑작스러운 암과의 조우에 당장 내게 필요한 것이 무엇인지 몰라 당황한다. 사람의 성격이 각양각색이듯 암 환자들이 주변 사람들의 반응에 어떤 식으로 반응할지 완벽히 예측할 수는 없지만, 단 한 가지만은 조심하기를 권한다. 환자 본인도 갑작스럽고도 거대한 삶의 균열에 어떻게 대처해야 할지 몰라 혼란스러울 테니, 소식을 전달받자마자 바로 연락해서 자신의 정돈되지 않은 감정을 가감 없이 그대로 쏟아내지는 않았으면 좋겠다.

사실 나는 그런 상황을 이미 예측했던 것 같기도 하다. 인스타그램에 암밍아웃을 하고 나서 처음 며칠 동안은 디엠도 카톡도 전화도 일절 받지 않았다. 새벽이든 늦은 밤이든 연락이 무시로 왔고, 그 너머에서 연락을 취하는 사람들의 놀람과 충격이 고스란히 느껴졌기에 일일이 응대하면 감정 소모가 클 것 같아 과감히 외면했다.

며칠이 지난 뒤에 사람들과 순차적으로 연락을 취했다. 지인들은 며칠이 지났음에도 마음이 가라앉지 않은 듯했고 많이들 울었다. 얼마나 수없이 위로했는지 모르겠다. 정작 위로받아야 하는 사람은 나인데….

그러니 혹시라도 주변에서 암 진단뿐 아니라 어떤 안 좋은 소식을 접하게 된다면, 당사자에게 감정을 쏟아내기 전에 마음 정돈을 먼저 하고 차분히 대할 수 있을 때 연락하기를 권한다. 물론 충격을 받고 걱정이 되어 자연스럽게 진실된 눈물을 흘리는 마음에 감사하지 않는다는 의미는 아니다. 하지만 이미 환자 본인의 감정조차 너무 힘든 상태일 수 있기 때문이다.

어쨌든 내 아픔을 어떻게든 함께 나누려는 고마운 이들에게 작은 것이라도 부탁할라치면 그들은 너무나도 흔쾌히 받아들일 것이다. 혹시라도 먼저 떠나보낼 수 있다는 전제가 깔렸다면 나라도 무엇 하나 더 해주고 좋은 기억으로 마무리하고 싶을 테니까. 이것은 암 환자에 대한 예의인 듯도 싶고, 아파하는 친구에게 무엇도 해줄 수 없다는 허망함이나 채무감일 수도 있고, 때로는 순수한 연민으로 보이기도 한다.

어찌 사람의 생각과 감정이 한 겹일 수 있겠는가. 상대에게 몇 겹의 의도와 감정이 있다 해도 나는 그것을 자연스럽게 받아들이기로 했다. 소소한 부탁들로 그들이 내게 도움이 되는 무언가를 할 수 있음에 기뻐하고, 마음의 채무감을 조금이라도 덜어낼 수 있다면 그 또한 서로 좋은 일 아니겠는가.

사실 지인들과의 관계는 자연스럽게 정립되었지만, 내게 가장 큰 숙제는 늘 같은 공간에서 생활하는 아이들이 너무 큰 상처를 받지 않고 자연스럽게 아픈 엄마를 받아들일 수 있도록 하는 것이었다. 함께 살고 있으니 나의 일거수일투족이 그대로 노출되는 상황에서 내 고통보다도 그런 내 모습을 날것 그대로 지켜보아야 하는 아이들의 충격을 생각하면 마음이 좋지 않았다.

어떤 사람들은 아이들의 감성을 보호하기 위해 암이라는 사실을 숨긴다고 했다. 머리가 빠지기 시작할 때는 두피 관리 때문에 머리를 밀었다고 거짓말하기도 했다고 한다. 하지만 아이들이 집 안에 흐르는 공기에서 병의 무게를 더욱 잘 느낄 것이라 생각했다. 오히려 부모님의 거짓말 너머에 더 두려운 무언가가 있음을 짐작하며 불안한 일상을 보내게 되지 않을까 걱정했다.

그래서 2박 3일 동안 병원에서 조직 검사를 받고 퇴원한 후

가족들과 둘러앉았다. 아이들 앞에서 천천히 설명하기 시작했다. 어설픈 예측과 불안한 생각의 가지들은 모두 떼내고 지금 있는 그대로의 현실을 담담하게 이야기했다.

결과가 어떻게 될지도 모르고, 많이 아플 수도 있다. 하지만 너희들에게 숨기고 싶지 않다. 엄마가 아픈 만큼 너희들도 엄마를 도와주면서 함께 잘 버텨낼 수 있었으면 좋겠다. 엄마가 살아야 할 이유 중에 가장 큰 것이 바로 너희의 존재다. 너희가 용기를 가지고 담대하게 엄마의 병을 바라봐주었으면 좋겠다. 우리 가족은 해낼 수 있을 것이고, 엄마는 어떻게든 힘을 내서 암을 정복해볼 테니 많이 응원해달라고 말했다.

이야기가 끝나고 나서 모두들 참 많이도 울었다. 특히 평소에 감정 표현이 잘 없던 막둥이 은우가 놀란 표정으로 이야기를 듣고 있다가 옆에서 훌쩍이는 누나들의 눈물에 휩쓸려 울기 시작했다. 눈물을 멈추지 못하고 끙끙거리는 울먹임을 오랫동안 지속하는 통에, 내 마음이 미어지는 듯했다.

그렇게 우리 가족은 충격과 슬픔을 한바탕 쏟아내고 다시 한번 의지를 다지며, 파이팅을 외쳤다. 며칠 동안은 분위기가 좀 무거웠으나 아이들은 자연스레 변화를 받아들이는 듯했다. 항암 이후에 너무 힘든 며칠을 보낼 때도, 머리를 다 밀고 왔을 때도 우리는 더 이상의 눈물을 보이지 않았다. 자연스러운 과정이라 여겼고, 나아가는 과정이라 받아들였다.

몸 상태가 좋을 때면 늘 아이들에게 무언가를 해주고 싶었다. 아마도 언제가 마지막이 될지 모를 엄마의 손길을 한 번이라도 더 남김없이 주고 싶어서였을 것이다. 하지만 몸 상태가 좋지 않을 때는 아이들에게 엄마 아빠를 도울 각자의 몫을 정해주었다.

〈몬스터 콜스〉라는 영화는 암 투병으로 고생하다 결국 죽음을 맞은 엄마와 홀로 남겨진 코너라는 남자아이의 이야기다. 매일 12시 7분이 되면 괴물이 나타나 코너에게 세 가지 이야기를 들려준다. 그리고 이야기가 끝나고 나면 코너에게 이야기를 해달라고 말한다.

괴물은 인간이 가지는 이중성과, 숨기고 싶고 회피하고 싶은 다양한 감정들에 대한 이야기를 들려준다. 괴물의 세 번째 이야기가 끝나고 이제 코너의 이야기를 해야 하는 시점에서 코너는 자꾸 거짓을 말한다. 괴물의 다그침에 코너는 숨겨왔던 진실을 통곡처럼 내뱉는데, 아이의 진실이 참 아프게 느껴졌다.

엄마가 빨리 나았으면 좋겠지만 동시에 엄마가 하늘나라로

가서 이 고통의 나날이 빨리 끝나기를 바라는 양가감정 속에서 얼마나 힘들었을까. 그 장면이 우리 아이들의 모습과 겹쳐지면서 참 많이 울었다. 암 환자뿐만 아니라 암 환자를 가족이나 지인으로 둔 사람들에게도 꼭 권하고 싶은 영화다.

앞으로 어떻게 될지 모르는 상황에서 아이들을 불안한 미로 속에 갇힌 채로 내버려두고 싶지 않았다. 진실을 감춘 상태에서 혹시라도 안 좋은 상황으로 마무리된다면, 이후 아이들은 거대한 진실을 맞닥뜨리면서 엄청난 충격을 받는 동시에 엄마에게 아무것도 해주지 못한 회한과 죄책감으로 얼마나 오래 아파하게 될 것인가.

그래서 엄마가 아픈 동안 자신들이 도울 수 있는 부분은 돕기도 하고, 투병 생활 속에 자연스럽게 스며들어 함께 호흡할 수 있도록 했다. 수시로 도움을 요청했고, 도움을 받을 때마다 칭찬해주었다. 그런 기억들이 쌓여 엄마가 아플 때 도와줄 수 있는 부분이 있어서 참 다행이었다고 조금이나마 마음의 안정감을 느낄 수 있도록 말이다.

사실 내게는 아이들의 존재 그 자체가 가장 큰 힘이 되었지만, 남겨진 아이들의 아픔까지 헤아리려면 도움을 요청하고 그 기억이 아이들에게 차곡차곡 쌓이도록 해야만 했다.

"네가 했던 말 중 가장 용감했던 말은 뭐니?" 소년이 물었어요.

"'도와줘'라는 말." 말이 대답했습니다.

"도움을 청하는 건 포기하는 게 아니야." 말이 말했어요.

"그건 포기를 거부하는 거지."

_ 찰리 맥커시, 《소년과 두더지와 여우와 말》상상의힘, 2020년 중에서

아프고 나서야 도와달라고 말할 용기를 얻을 수 있었고, 그 부탁 속에는 혼자 견디지 않고 끝까지 함께 손잡고 이겨내겠다는 의지도 포함되어 있었다. 그렇게 '함께' 포기하지 않음으로써 오늘의 기적을 맞이할 수 있었다.

당신에게 들려주고 싶은 이야기 - 알약 병정   ✱

 암 진단을 받은 이후로 눈이 감기기 시작할 때까지 유튜브를 시청하곤 했다. 평소에는 잠자리에서 눈을 감고 내일 할 일부터 향후 해야 할 일에 대한 계획을 매번 점검하고 수정하는 것이 습관이었다. 하지만 당시에는 내게 남은 미래가 있다고 생각하지 않았다. 공허감 속에서 허우적거리느니 잠들기 직전까지 아무 생각 없이 유튜브 보기를 택했던 것 같다.

 잠들어 있는 동안에는 문제가 없었지만, 중간에 화장실을 다녀오거나 갈증으로 잠에서 깰 때면 어김없이 또 막연한 미래의 불안감과 마주해야 했다. 깜깜한 어둠 속처럼 한 치 앞도 내다볼 수 없는 내 미래와.

 그 어떤 즐거운 미래를 그려볼 수도 없었기에 깊이 생각하는 버릇을 없애야 했다. 내 의지로는 지금 이 상황을 통제할 수 없음에 다시 한번 절망하다가, 어떻게 하면 조금이라도 긍정적인 생각을 할 수 있을까 고민했다.

그러다 예전에 아이들에게 읽어주었던 《버즈》라는 동화책이 생각났다. 몸 안에 벌레가 들어간 한 아이가 병원에서 약을 처방받는다. 알약 병정들이 아이의 몸에 들어가서 숨어 있는 벌레를 힘겹게 찾아내고, 사투 끝에 귓구멍을 통해 몸 밖으로 벌레를 밀어내는 이야기다.

항암 초기에 영양사가 어떤 것을 먹어야 하고 어떤 음식을 멀리해야 하는지 설명해주며 "잘 먹어야 항암제도 힘을 쓸 수 있어요"라고 말했다. 나는 책에서 읽었던 알약 병정들을 항암제에 적용했다.

어제 맞고 온 젬시타빈, 시스플라틴 그리고 고가의 면역 항암제인 임핀지를 떠올렸다. 젬시타빈과 시스플라틴 병정들을 합쳐 세 개의 조로 나누어 림프관에 침윤한 암세포들을 캐내는 작업을 시켰다. 고가의 임핀지는 특수부대 요원들이니까 두 조로 나누어 가장 큰 원발암을 캐내는 작업에 투입하기로 한다. 어쨌든 사령관은 나니까 내 마음대로 요원들의 조를 나누었다.

항암이 진행되는 동안 나는 늘 알약 병정들과 함께였다. 눈에 보이지는 않지만 1조가 근처 림프관에 숨어 있는 암세포들을 다 캐내었다고 보고하는 순간 괜히 그곳에 있던 암세포들이 정말 사라지기라도 한 것처럼 마음까지 개운해지기도 했다. 오심이 심해 음식물을 잘 먹지 못할 때도 병정들이 24시간 쉬지도 못하고 열심히 일하고 있는데 맛있는 영양분이라도 넣어주어야 할 것 같아 무엇이라도 먹으려고 애썼다.

다음 항암 시기 직전이 되면 그동안 열심히 일해주어서 고맙고 수고 많았다고, 이제 다음 조가 새로이 투입될 것이라고 이야기했다. 그리고 새로 항암 주사를 맞고 오면 녹초가 될지라도 몸속에서 열일해줄 새로운 병정들이 그렇게 든든하고 고맙게 느껴질 수가 없었다.

누구에게 이야기하지는 않았지만 늘 이런 과정을 혼자 상상하면서 지냈다. '이게 무슨 소용이 있을까'라는 생각이나 이런 상상의 효과에 대한 기대는 애초에 없었던 것 같다. 그저 어둠 속에서 불안과 두려움이 밀려올 때 부정적인 생각을 떨쳐버릴 수 있는 수단만으로 충분했다.

지금에서야 되돌아보니 이런 이미지 트레이닝이 자기 계발서에서 수없이 이야기하는 '시각화 기법'으로 작용한 듯하다.

좋은 결과에 맞물려 내가 어떤 생각과 행동을 했는지 돌이켜보았을 때 이 방법이 긍정적인 효과를 이끌어냈을지도 모른다는 생각이 든 것이다. 의도하지는 않았지만 그간 읽었던 책의 내용이 심연에 가라앉아 있다가 변형된 형태로 나에게 다가온 것은 아니었을까.

앨런 피즈의《결국 해내는 사람들의 원칙》반니, 2020년에 보면 이런 내용이 나온다.

"우리의 뇌는 현실과 상상을 구분하지 못한다. 그래서 상상을 현실화하는 방향으로 몸을 유도한다. 상상 연습도 실제 연습만큼 야무진 효과를 낸다."

체육계는 이미 50년 전부터 시각화 기법을 활용하고 있다. 어느 나라나 국가대표 선수들은 종목을 불문하고 이 기법을 쓴다. 딱히 시각화라는 용어를 쓰지 않아도 음으로 양으로 이미지 트레이닝과 자기 암시에 적용한다. 스포츠 심리학자들은 선수들에게 실수 없이 허들을 뛰어넘고, 공을 정확하게 몰고, 화살을 명중시키고, 깔끔하게 착지하는 모습을 반복적으로 마음에 그리라고 주문한다.

종양학자이자 암 심리 치료 분야의 권위자이며《칼 사이먼튼의 마음 의술》의 저자인 칼 사이먼튼과 스테파니 사이먼튼 박사가 암 예방과 치료에 시각화 요법을 접목하는 새로운 접근법을 발표했다. 두 사람은 말기암 진단 환자 245명을 대상으로 실험에 나섰다. 피실험자들의 평균 연령은 47세였고 이 중 67%가 여자, 33%가 남자였다. 사이먼튼 박사의 치료법은 시각화 요법과 이완 요법을 하루 3회 10~15분씩 수행하고, 아울러 목표 설정, 자기주장 훈련, 신념 평가, 스트레스 관리 같은 정신적, 감성적 지원 프로그램을 병행하는 것이었다. 이들의 연구 결과는 마음의 힘으로 병을 멀리할 수 있다는 것을 의심의 여지 없이 보여주었다.

당시 미국의 말기 유방암 환자들의 중간 생존 기간은 18개월이었지만, 사이먼튼 환자들의 경우는 38.5개월이었다. 말기 장암 환자들의 중간 생존 기간이 9개월이었고, 사이먼튼 환자들의 중간 생존 기간은 22.5개월이었다. 순전히 환자들이 마음에 품는 이미지만 바꾸어서 얻는 획기적인 결과였다. 그 어떤 약물 치료나 화학 요법도, 수술도, 방사선 요법도 없었다.

많은 환우들이 심연의 두려움을 가장 밀접하게 체감하는 깊고 깊은 밤. 혼자라는 외로움과 어둠 그리고 온통 새까맣기만

한 미래를 그리며 움츠러들지 말고, 부지런히 나를 살리기 위해 애쓰는 알약 병정들의 활약을 지켜보고 응원하며 힘내보는 것은 어떨까.

당신은 어느 순간에도 혼자가 아니다. 우리는 든든한 알약 병정들과 함께니까!

당신에게 들려주고 싶은 이야기 - 멘털 관리 　　　　＊

항암 치료를 시작할 때 '지푸라기라도 잡는 심정'이 어떤 뜻인지를 절절하게 깨달았다. 건조하고 풀풀 날리기만 하는 그 지푸라기라도 움켜쥐기 위해, 그 불확실함 속에 있는 아주 작은 희망일지라도 잡기 위해 애썼다.

다행인 사실은 지푸라기가 늘 낱개로 날리는 것이 아니라 많이 쌓여 있다는 것이다. 지푸라기를 그저 무용한 것으로 치부하는 대신 지푸라기라도 잡고 잡아, 꼬고 꼬아 동아줄로 만드는 것 또한 나의 선택이었고 나의 의지였다.

희망을 희망하고, 내가 아니면 안 되는 것들을 더 많이 찾아내고, 살아야만 하는 이유를 곱씹고 곱씹었다. 그러다 보니 지푸라기는 어느새 동아줄이 되어갔다. 그렇게 희미했던 희망을 확신의 미래로 그릴 수 있었다.

  그동안 어떤 가치에 중점을 두고 살아왔는지, 내가 가진 힘이나 신념 같은 것을 곰곰이 생각해보니 삶을 지탱하고 다시 일으킨 것은 바로 책임감이었다. 그래서 내가 책임져야 할 것들을 수없이 되새겼고, 해야 할 일들을 끝내고 정리하는 것이 아니라 눈에 밟히고 손에 잡히게 일부러 널어놓기로 마음먹었다.

  일례로 봄에 신발 정리를 할 때 남편은 안 신는 어그부츠를 이제 버리자고 했지만, 그냥 두기로 했다. 겨울이 오면 내가 정리할 것이라고, 겨울까지는 또 잘 버텨낼 것이라고. 그렇게 아주 작은 것이라도 내가 '나중에' 해야 할 일들을 차곡차곡 만들어두었다.

  삶의 의지를 다질 때 무엇보다 선행되어야 할 것은 '나는 어떤 사람인가'에 대한 고민이다. 나는 어떤 것을 좋아하고 무엇을 할 때 행복을 느끼며, 가장 두려워하는 것은 무엇이고, 그런 감정들을 떨쳐내는 데 효과적인 것이 무엇인지 삶을 되돌아보며 확고히 해보는 것이다. 그럴 때 MBTI 유형이 도움이 될 수도 있다.

  항암 치료 과정에서 내가 ENTJ라서 참 다행이라는 생각을 많이 했다. 내 성격 유형을 바탕으로 마음가짐에 대한 이야기를 조금 해볼까 한다(각 유형의 이름은 내 생각대로 붙였다).

　외향형(E)은 외부 환경이나 타인에게서 에너지를 얻는 유형이다. 모든 것이 허망하게 느껴져 아무것도 하고 싶지 않았고 그 누구도 만나고 싶지 않던 때가 있었다. 그럼에도 내게 안부를 물어오고, 가끔씩 만나기도 했던 지인들을 통해 참 좋은 에너지를 지속적으로 받을 수 있었다.

　감각형(N)은 꿈을 꾸고 상상하는 유형이다. 두렵고 불안한 미래가 그려질 때면 일부러 도리질을 하며 머릿속 생각들을 털어내고 희망적인 미래를 그리기 위해 집중했다. 다행히 순탄치만은 않았던 삶과 청소 일을 하면서 쌓아온 긍정적 사고의 내공이 빛을 발하기도 했다. 이런 시기를 맞으려고 그렇게 마인드 컨트롤을 해야 하는 상황들을 겪었던 것일까. 그런 날들은 오늘을 잘 이겨내기 위한 빌드업이었나? 수많은 상상을 하며 헛웃음을 짓기도 했다.

　이성형(T)은 감정보다는 논리와 근거를 바탕으로 사고하는 유형이다. 어렸을 때부터 그랬지만 사업을 시작하고 나서는 더더욱 대범하다거나 여장부 같다는 말을 자주 들었다. 그만큼 감정에 휩싸이기보다 현실을 직시하고 문제 해결에 집중했다. 그래서 암 진단을 받은 후 깨알같이 촘촘하게 파고드는 슬픔과 두려움 끝에서도 어떻게 하면 이겨낼 수 있을지 객관적인 판단과 사고를 하려 노력했다. 더불어 나는 경쟁 상황에서 투지를 발휘하는 성격이라, 이 암도 어떻게든 이겨내야겠다는 생각만 했다.

계획형(J)은 미래의 일을 미리 계획하고 이것이 지켜졌을 때 편안해하는 유형이다. 치료 방향을 미리 알지 못하고 막연함 속에 하루하루 살아가야 한다는 점이 평생을 계획 속에서 살아온 나를 가장 힘들게 했다. 하지만 그 덕에 카르페 디엠을 실천하며 오늘 하루, 지금 이 순간에 집중하는 연습을 하는 계기를 만나기도 했으니 성격적으로는 좀 더 성숙해진 셈이다.

아픈 와중에 자주 떠오른 맹자의 말이 있었다.

"하늘이 장차 그 사람에게 큰일을 맡기려고 하면 반드시 먼저 그 마음과 뜻을 괴롭히고, 근육과 **뼈**를 깎는 고통을 주고, 몸을 굶주리게 하고, 생활은 빈곤에 빠뜨리고 하는 일마다 어지럽게 한다. 그 이유는 마음을 흔들어 참을성을 기르게 하기 위함이며 지금까지 할 수 없었던 일을 할 수 있게 하기 위함이다."

아프고 힘든 시기가 아무 의미 없이 공중에 흩어져버리고 끝날 고통이 아니라, 미래에 어떤 식으로든 나를 더 견고히 해주고 더욱 나은 인간으로 성장시켜 줄 과정이라 생각하면 좀 더 버틸 만해진다. 더욱더 성숙해질 내가 기대되기도 하고.

그렇게 내 성격을 고려해서 나만의 마인드 컨트롤 방법을 찾았다. 이 방법이 모두에게 좋은 방법일 수는 없다. 하지만 분명히 자신의 성격에 꼭 맞는, 스스로를 평안으로 가장 잘 이끌 수 있는 방법이 있을 것이다. 그렇기에 자신이 어떤 사람이고 어떤 상황에서 행복을 느끼며, 평소에 어떤 것으로 스트레스를 떨쳐버릴 수 있었는지 잘 살펴보아야 한다.

자신만이 아는 내 성격이 있다. 내향적인 사람들에게 나가서 사람을 만나보아라, 사람들로부터 에너지를 얻어라, 슬픔에 침잠하지 말고 털어내고 다른 생각을 해보아라 아무리 말해도 도움이 전혀 되지 않을 것이다. 그런 사람들에게는 슬프거나 힘들 때 그냥 엉엉 울어버리라고 하고 싶다. 어떤 상황을 마주해서 흘리는 눈물과 슬픔에도 총량은 존재한다고 생각하기에, 많이 슬퍼하고 많이 울고 나면 이제 '살아야지' 하는 시기가 온다고 믿는다. 그렇게 내 성격에 맞게 조금씩 할 수 있는 것들을 찾아보는 것이다.

영화 〈킹스맨〉에서는 "두려워할수록 그 두려움은 현실이 된다"라고 했고, 마거릿 대처는 "생각을 조심해라, 말이 된다. 말을 조심해라, 행동이 된다. 행동을 조심해라, 습관이 된다. 습관을 조심해라, 운명이 된다. 우리는 생각하는 대로 된다"라고 했다.

두려운 감정이 마구잡이로 휘몰아치고 암흑처럼 불안한 미래가 떠오를 때면 이 문장들을 생각하려 애쓴다. 두려울수록 생각이 깊어지지 않게 하기 위해 당장 몸을 일으켜 청소를 하거나 책을 읽거나 영화를 보았다. 두렵고 안 좋은 생각은 굳이 입 밖으로 내지 않았다. 늘 "잘될 것이다, 나는 나를 믿고 의사를 믿는다"라는 말만 했다. 그리고 지금도 이 긍정적인 노력과 생각이 내 운명을 이끌어주었다고 믿는다.

쌍용차 해고 노동자와 가족들을 위해 심리 치유 센터 '와락'을 만들었고, 세월호 참사 이후 안산에서 이웃 치유자로 살아가고 있는 정혜신 박사의 《사람 공부》라는 책을 보면 세월호 유가족 엄마들이 뜨개질을 통해 치유의 효과를 많이 보았다는 내용이 언급된다.

어떤 엄마는 한철 겨울 동안 목도리만 250개를 떴다니 그 고통, 슬픔, 그리움이 얼마만큼이었을지 짐작하기도 힘들다. 하지만 다른 것에 집중하면서 그들은 슬픔을 견디어냈다.

종교가 없는 사람이라면 종교를 가져보는 것도 괜찮다. 감당하기 힘든 거대한 시련에 믿음의 대상이자 원망의 대상이 되어줄 누군가라도 있으면 마음이 조금 편해지지 않으려나. 그렇게 마음의 고단함을 덜어주고 희망을 들어줄 존재라 믿을 수 있는 대상이 있다면, 나는 종교의 순기능으로 이만한 것도 없다고 생각한다.

결국 마인드 컨트롤을 위해서는 내 신념과 성격, 그리고 삶에서 가장 소중한 것들이 무엇인지 다시 한번 점검해보는 일이 우선시되어야 한다. 그리고 수시로 그것들을 떠올리며 다시 일상의 영역으로 누리고 지켜내기 위해서라도 살아내겠다는 의지를 잃지 않는 게 중요하다.

그럼에도 오늘 하루를 살아내기란 결코 쉽지 않다. 하지만 어김없이 시간은 흘러간다. 두려움과 슬픔에 사로잡혀 하늘을 원망하고 절망 속을 헤매며 오늘을 보낼 것인지, 할 수 있는 작은 일들을 찾으며 감사한 마음으로 사랑하는 이들과 함께할 수 있는 오늘에 집중할 것인지, 희미하고 나약하지만 작은 희망이라도 끊임없이 염원하면서 지금 이 시간을 보낼 것인지는 오직 나의 선택이다.

당신에게 들려주고 싶은 이야기 - 과잉 정보   ✽

내가 받은 PPPD 수술은 '췌십이지장 절제술'이라고도 불린다. 말 그대로 췌장과 십이지장을 절제하는 수술이다. 수술 날짜가 임박하자 나는 궁금해지기 시작했다. 다들 큰 수술이다, 수술 후유증이 크다더라, 췌장 일부분과 십이지장을 다 잘라 내기 때문에 소화가 안 될 것이다, 조금만 잘못 먹어도 바로 구토가 올라온다더라, 상처 부위에 염증이 생기기 쉽고 심한 경우 재수술을 하게 될 수도 있다더라…. 이런 두려운 정보들만 주는데 실제로 수술을 진행한 사람들의 생생한 증언을 찾아보고 싶었다. 다 잘될 거라는 위로의 말을 듣기 위해 점쟁이를 찾아가는 사람들의 절실한 마음과 비슷하다 해야 하나.

인터넷에 PPPD 수술을 검색했다. 많지는 않았지만 몇몇 카페에 관련 질문들과 후기들이 올라와 있었다. 네 개 정도의 글을 빨리 훑었다.

첫 번째 글은 수술이 끝나고 물 한 모금 삼키지 못해 괴로웠다는 내용으로 시작되었는데, 과할 정도로 상세하게 자신의 수술 후 과정을 설명하고 있었고 온갖 자기 연민으로 범벅된 글이라 읽다 말았다.

두 번째 글은 어떤 카페에 질문으로 올라와 있는 글이었는데 어머니가 PPPD 수술을 마치고 아무것도 못 드시고 있다고 했다. 12일째 미음 한 숟가락밖에 못 드셔서 살이 너무 많이 빠지고 기력이 없는데 어떻게 해야 하나 걱정이 담긴 글이었다.

그 이외에 다른 글들도 도저히 음식을 먹을 수 없다거나, 수술 부위가 너무 아프다는 내용뿐이었다. 더 찾아볼 것도 없겠다 싶어 검색을 중단했지만, 마음속 불안감은 조금 더 커진 듯한 느낌이었다.

그렇다면 직접 수술을 받고 난 후 나는 다른 이들에게 이 수술에 대해 어떻게 설명해줄 수 있을까.

결론부터 이야기하자면, 해낼 수 있다고 말해주고 싶다. 더군다나 이 수술을 받는 환자의 대부분이 췌장암이나 담도암 환자들인데 이 정도의 아픔조차 없이 완치를 바라는 것도 너무 욕심 아닌가 싶기도 하다.

간담췌 병동 입원실에는 생각보다 많은 사람들이 수술을 위해 입원해 있었다. 수술이 가능한 환자가 몇 안 된다고 들었는데 그 안에 든 운 좋은 사람들이 여기에 다 모여 있는 느낌이었다. 언뜻 듣기로도 정말 그랬다.

옆 침대 환자는 운 좋게 1기로 발견되었다고 했고, 그 옆 침대 환자도 자신이 운이 좋았다고 말했다. 그러니 일단 수술을 할 수 있는 것 자체로 다들 기적을 한 번은 통과한 셈이다. 그중에서도 나는 제일 어린 축에 속했다. 대부분은 60대 중후반으로 보였다.

수술을 마친 당일 밤이 최고로 힘들었지만 무통 주사의 도움으로 잠에 빠져드는 시간 이외에 잠깐씩 깨어 있는 동안만 잘 버텨내면 되었다. 물을 마실 수 없어서 스프레이로 살짝살짝 입을 적셔주는데, 그것만 해도 바싹 타들어가는 입에 생명수가 뿌려지는 듯해서 살 만하다 느껴졌다.

나는 머릿속으로 "삶이란 치과 의사 앞에 앉아 있을 때와 같다. 우리는 언제나 가장 심한 통증이 계속 이어질 것이라고 생각한다. 그러다 보면 통증은 이미 끝나 있을 것이다"라는 비스마르크의 말을 계속 떠올렸다.

언제나 그렇다. 영원히 지속될 것 같던 타는 목마름의 끝은 다음 날 시원한 물 한 모금으로 완벽히 해갈되었다. 아침 간호사가 "이제 물 조금씩 드셔도 돼요"라고 했을 때 그 소리가 마치 천사의 목소리처럼 느껴졌다.

그 이후부터는 수술 부위의 통증을 견뎌내고 쪼그라든 폐를 펴는 호흡 운동에 집중해야 하는데 이 또한 견딜 만하다. 특히나 건너편 침대에서 60, 70대 어르신들도 열심히 호흡 운동을 하며 공을 곧잘 빨아들이는 모습을 보니 40대 중반인 내가 이것조차 못해서 될 일인가 하며 의지가 솟았다. 어르신들도 대부분 잘 회복해서 수술 후 이틀이나 사흘부터는 복도를 걸어 다닌다. 물론 나 또한 큰 문제 없이 잘 회복했다.

그러다 수술 직전 인터넷에서 찾아보았던 불안감만 가득한 글들이 머리에 떠올랐다. 역시 이번에도 두려움만 증폭시킬 뿐이었다는 것을 다시 한번 실감했다.

멀쩡한 사람들은 굳이 기록을 남기지도 않을 테고 의문 사항도 없을 테지. 무언가 이상하고 특별히 아팠으니까 답답한 마음에 글을 쓰거나 다른 이들에게 자문을 구했을 것이다. 한정되고 특별한 사례만을 보면서 그 속에서 평균치를 찾으려 하니 불안감이 생기는 것도 당연하다.

처음 항암 치료를 받을 때부터 온갖 정보를 수도 없이 찾아보고 읽었다. 특히 유튜브를 집중적으로 보았다. 내가 찾은 정보뿐만 아니라 지인들과 가족들이 췌장암과 수술, 식단, 건강에 관련된 모든 정보를 보내왔다. 그것들을 습득하며 췌장암의 발병 원인과 진행 상항, 항암 치료 등에 대해서는 반전문가가 되어가고 있다고 생각했다.

그 속에는 전문가나 학회에서 승인받은 정보도 있었지만 개인의 의견일 뿐이거나 틀린 정보도 뒤섞여 있었다. 하지만 제대로 된 정보를 선별할 수 없었던 나는 그저 모든 것을 빨아들일 수밖에 없었다. 이후 몇 개월에 걸친 항암 과정에서 대부분이 잘못된 정보임을 확인할 수 있었다.

선무당이 사람 잡는다고 했던가. 담도암에 대해서는 반전문가라는 오만한 생각이 때로 신변을 위협할 정도로 위험할 수도 있음을 그때는 알지 못했다. 그저 많은 정보를 습득하는 것이 불투명한 미래를 그나마 잘 헤쳐나갈 수 있는 방법이라 생각했다. 게다가 가족 중에 암 환자가 있거나 관련된 경험이 있는 사람들은 자신이 의사라도 된 것마냥 암의 예후 증상들을 열거하면서 염려하는 것인지 겁주려는 것인지 모를 정보를 마구 쏟아내기도 한다.

막상 항암 치료를 시작하자 수많은 정보와 내 상태는 다름을 느끼며 의문점들이 생겼지만, 이제 초기라서 무엇이라 딱히 이야기할 수 없었다. 하지만 이제 기본 8회 차(16번)의 항암을 끝내고 추가 2회(총 20번의 항암)와 면역 항암과 수술까지 마친 상황이니 정확하게 이야기해줄 수 있다.

그 누구도 항암 치료가 얼마나 힘들지, 결과가 어떨지 예측할 수 없다. 유방암을 경험한 사람이 그 경험만을 표준치로 적용해 항암 치료에 대해 설명한다면 정보는 유방암에 국한되어 있다. 당연히 암이라고 해서 다 같은 암이 아니며, 개인마다 치료 효과와 부작용이 다르다. 아무리 많은 정보를 가지고 오랜 기간 항암 치료를 해왔다 하더라도, 다른 암에 걸린 사람에게 섣부르게 조언해서는 안 된다는 것이다.

특히나 그 조언이 잘 이겨낼 수 있을 것이라는 긍정적 응원이 아니라 불안감만 가중할 정보라면 더더욱 그렇다. 자신이 온갖 시련을 다 겪어냈다는 자부심은 다른 데 가서 부리고, 이제 막 암 판정을 받아 정신 못 차리고 있는 사람 앞에서는 그냥 입을 다물라 이야기하고 싶다.

그렇다면 암 판정을 받고 항암 치료를 시작해야 하는 절망과 두려움에 휩싸인 환우에게 나는 어떤 말을 해줄 수 있을까 고민해보았다.

일단 정보가 없다면 더 불안해질 것은 자명하기 때문에 내가 걸린 암을 주제로 한 전문 의학서를 가장 최근에 출간된 것으로 두 권 정도 읽어보길 권한다. 요즘 같은 시대에는 의학 정보와 새로운 치료 방법도 빠른 속도로 업그레이드되기 때문에 최신판을 구매하는 것이 좋다. 자신들의 의견에 책임을 질 수 있는 전문가들의 목소리이기 때문에 유튜브나 인터넷에 떠도는 검증되지 않은 정보들과도 확실히 차별화된다.

기본 정보를 습득한 후에는 담당 의사의 말에 귀 기울이는 것이 가장 중요하다. 일단 내 생명줄을 함께 끌고 가는 사람이므로 의사를 믿고 따라야 한다. 작은 변화도 함께 상의해서 적절한 약을 처방받고 다음 단계의 치료를 함께 계획하는 것이 맞다.

모든 항암 치료에서 100% 부작용이라는 것은 없다. 1%에서 99%까지의 가능성 중에 내가 어느 쪽에 속할지는 직접 경험해보지 않는 이상 알 수 없다. 부작용뿐만 아니라 효과 면에서도 마찬가지다. 결국 모든 데이터보다 '나 하나만' 잘 관찰하면 되는 것이다.

실제로 나는 담도암 항암제인 젬시임젬시타빈+시스플라틴+임핀지을 투여하면서 "이 항암 치료에서 탈모는 1%의 극소수에게만 찾아오기 때문에 탈모 걱정은 안 하셔도 됩니다"라는 말을 듣고 안도했었만, 당장 그다음 주부터 머리가 우수수 빠지기 시작했다. 그 무엇도 장담할 수 없는 것이 항암 치료다. 다른 사람들의 이야기에 겁부터 먹고 두려워할 필요가 없다는 뜻이다.

또 췌장암이나 담도암은 섬유질이 많아 항암제가 원발암을 뚫고 침투하기가 쉽지 않기 때문에 예후가 좋지 않으며, 항암제가 잘 들을 확률도 그만큼 떨어진다는 말도 수없이 읽고 들었다. 하지만 항암 치료만으로 7.5cm가 넘는 원발암부터 주변의 림프관에 퍼져 있는 암까지 사멸되는 나 같은 경우도 있다. 4기 환자가 항암 치료만으로 암세포를 모두 없앨 수 있다는, 확률로도 존재하지 않았던 일이 이제는 때때로 일어날 수 있는 일이 되어버린 것이다.

매우 독한 항암제이기 때문에 구역감을 동반한 부작용들로 실생활이 어려울 만큼 힘들다고들 했지만, 실제로 항암 치료를 받는 사람들을 보면 참 씩씩하다. 나도 항암 치료를 받고 나서 하루이틀이 지나면 일상생활이 가능할 만큼 컨디션이 회복되곤 했다. 이렇게 잘 지내도 되는 건가 하는 불안함까지 들 정도였다. 부작용이 없으면 항암 효과가 떨어지는 것은 아닌가 싶어 걱정되는 마음에 교수님께 물어보아도, 부작용이 없으면 좋은 것이라며 부작용의 유무와 항암 효과는 상관관계가 없다고 이야기했다. 내가 바로 산증인이다.

검증되지 않은 수많은 정보로 미리 두려워하고 겁내지 않았으면 좋겠다. 우리는 차근차근 눈앞의 상황에 집중하며 지금 할 수 있는 것들을 하면 된다.

괜한 불안감으로 잠들지 못하는 밤, 유튜브에서 검증되지 않은 사실들에 잠식되지 말고 그 시간에 재미있는 드라마를 보거나, 마음을 안정시킬 수 있는 음악을 듣거나, 아니면 불안함을 떨쳐버릴 다른 것을 찾는 편이 심신에 도움을 줄 것이리 생각한다.

당신에게 들려주고 싶은 이야기 - 주홍 글씨 ✽

  암 진단을 받은 직후부터 내게 '암 환자'라는 생경한 주홍 글씨가 찍혔다. 부정하고 싶고 떼어버리고 싶었지만 어느샌가 내 정체성 중 하나로 자리 잡혀버린 낙인.

  췌장암이라는 운만 띄워도 대부분은 낯빛부터 달라지며, 당장이라도 죽을 사람인 것처럼 연민 어린 시선으로 대하기 때문에 때로는 내 편의를 위해 주홍 글씨를 활활 불태워 상대방의 연민을 끌어낸 적도 있었다. 그러니 이만하면 이 낙인에 잘 적응한 것이 아닌가 싶기도 하다.

  하지만 그것도 건강한 사람들과의 관계 속에서나 가능하다. 암에 걸리고 보니 세상에는 나 말고도 암 환자라는 주홍 글씨를 가진 사람들이 참 많기도 많았다. 예전에는 주변에 암 환자가 단 한 명도 없었는데, 지금 생각해보면 어떻게 가능했는지 놀랍기만 하다. 그렇게 나는 존재감만으로도 소란스럽고 무거운 암을 삶에서 완전히 배제하고 살았던 것이다.

　보건복지부 보도 자료에 따르면, 한국인의 기대 여명을 기준으로 세 명 중 한 명은 암 환자가 될 가능성이 굉장히 높다고 발표했다. 최근에는 두 명 중 한 명이라는 이야기도 나온다. 그렇다면 죽기 전에 인구의 절반이 암에 한 번씩은 걸린다는 셈이니 우리 주변에 암 환자가 얼마나 많은가를 실감하게 하는 자료다.

　예전에는 암 환자를 대하는 것이 참 어려웠다. 영화나 책에서도 일단 죽을병에 걸렸다 하면 암이었고, 캐릭터를 갑작스레 사라지게 할라치면 암에 걸리게 하는 스토리가 다반사다. 그렇게 미디어로 접한 내용이 다였으니 암에 대한 어떤 지식도 없이 그저 암에 걸리면 무조건 죽는다는 공식이 지배적이었다. 그러다 보니 섣부른 위로로 상처를 줄까 조심스러웠고, 암 환자들에게 필요한 위로와 공감은 무엇인지 가늠하기조차 힘들었다.

　그런데 암에 걸려보니 사람 사는 것 다 똑같다. 물론 삶과 죽음의 아슬아슬한 경계에서 신체적인 고통과 정신적인 고통을 힘겹게 버텨내는 과정 속에 있으니 보통 사람들보다 예민한 것은 맞다. 그럼에도 개중에는 까칠한 사람도 있고, 부드러운 사람도 있고, 예민한 사람도 있고, 대범한 사람도 있다.

어쨌든 그동안 경험해보지 못했고 알지 못했던 어떤 영역으로 분류된 사람들 속에 합류했을 때, 소외감과 동질감을 동시에 느꼈던 것 같다. 무엇보다 나보다 먼저 주홍 글씨를 달게 된 선배들로부터 암과 함께 살아가는 지혜를 배우고 싶었고, 끝없는 절망 속에서 희망을 찾아내는 지혜를 얻고 싶었고, 또 공감과 위로를 받고 싶었다. 하지만 아무리 온라인 카페를 통해 다른 사람들의 투병 과정을 읽고, 지인의 투병 과정을 들어보고, 만남들이 누적될수록 '이건 아닌 것 같은데…'라는 생각이 지배적이었다.

왜 나는 그들이 단지 암을 일찍 겪은 선배라 해서 모든 것들을 다 지혜롭게 풀어낼 수 있을 것이라 기대했을까. 다양한 성격을 가진 사람들처럼 그들도 똑같았다.

내가 만났던 몇몇은 특이한 공통점을 가지고 있었는데, 큰 병에 걸려 삶과 죽음의 경계에 있다 보니 자신들의 생각이나 행동에 어떠한 정당성을 스스로 부여한 듯했다. 또한 유난히 편협하고 자신의 앎이 100%인 것처럼 중용의 여지가 없었다.

그들은 자신이 아직 힘든 과정 속에 있고, 너도 분명 그 과정을 지나가게 될 것이라면서 유난히 힘들었던 일화와 주변에서 함께 항암하다 죽음으로 이별한 사람들의 수를 자랑스레 늘어놓았다.

자신은 죽지 않고 살아남았다는 자부심으로 이야기를 한 것인지는 모르겠지만 내 귀에는 "너도 죽게 될 것이다"라는 말로 들렸다. 분명 보편적이지 않은 것을 가르치려 하고 결국 그렇게 될 것이라고 확정 짓는 말을 들으며 나는 아연실색했다. 아무래도 나보다 연세가 많은 분들이 대부분이라 그런지, 암도 삶도 먼저 경험한 그들 눈에는 새파랗게 어려 보이는 내게 무언가를 자꾸 가르쳐주고 싶었나 보다.

내가 이러려고 그들과 교류하려던 것이 아닌데….

일부러 찾지 않고서야 암 환자와 만날 일이 많지는 않다. 췌십이지장 절제술을 하고 암 전문 요양 병원에 2주 동안 머무는 동안, 내 옆 침대에는 다양한 사람들이 오고 갔다. 그중에는 항암 치료를 할 때마다 요양차 일주일씩 입원하면서 벌써 1년 가까이 입퇴원을 반복한 이도 있었고, 나처럼 이번에 처음으로 요양 병원에 온 이도 있었다. 그들의 이야기를 잠깐 전해보려 한다.

최근 유방암 수술을 마치고 요양 중이었던 한 환자는 이렇게 말했다. "이곳은 제게 가장 고통스러운 공간이기도 하고 새 삶을 찾아준 공간이기도 해요. 항암 마치고 바로 요양을 했기 때문에 이곳의 냄새와 모든 것이 힘들고 버겁게 느껴지기도 했지만, 또 다른 분들과 소통하면서 응원과 공감도 많이 받았어요. 원장님으로부터도 위로를 많이 받으며 다시 살 의지가 생기기도 했어요."

또 다른 환자는 양질의 병원 식사도 넘어가지 않아, 검색을 해서 근처 칼국수집을 찾아냈단다. 한 그릇 맛있게 비우고 왔다고 하자 휴게 공간에 앉아 있던 다른 어르신들이 난리가 났다. 어떻게 암이 제일 좋아하는 밀가루를 먹을 수가 있냐며, 암세포가 몇 개는 더 늘어났을 거라면서 다음부터는 아무리 먹고 싶어도 참으라고 다들 난리를 쳐대는 통에 괜히 말했다 싶었다고. 오히려 칼국수 때문이 아니라 수많은 훈수들 때문에 진짜 암세포가 몇 개는 더 늘어난 것 같은 스트레스를 받은 이후로는 환자들과 교류하지 않고 조용히 침대에서만 지냈다고 털어놓았다.

급성 췌장암으로 처음 발견 당시 암세포가 12cm에 이르렀다는 60대 후반의 여성은 나이나 체격에 비해 잘 버티고 있는 느낌이 들었다. 그러던 어느 날 만둣국이 식단에 나왔는데, 역시나 밀가루가 안 좋다는 말을 어디서 들으신 것인지 만두의 껍질을 벗기고 속만 먹는 것이었다. 나는 암 환자에게 밀가루가 그렇게 안 좋으면 식단 자체에서 빼지 않았겠냐, 먹을 수 있으니까 나오는 것이다, 그렇게 스트레스를 받으며 소소한 것에 집착하기보다 소량이라도 맛있게 먹을 수 있는 것을 먹고 행복감을 찾는 편이 더 낫지 않겠냐고 조심스레 전했다.

그랬더니 자신도 그렇게 생각하는데 막상 음식 앞에서는 두려움이 앞선다며 아들들이 먹는 것을 조심하라고 매번 이야기한다는 것이었다. 그래서 그렇게 좋아하는 숯불양념갈비도 몇 개월째 못 먹고 있다고 했다. 나는 안타까운 마음에 이번에 퇴원하시면 꼭 드시라고, 탄 부분이 있으면 가위로 잘라내고 맛있게 드시라고, 드셔보아야 얼마나 드신다고 그렇게 먹고 싶은 것을 참고 계시냐고 했더니 숯불에 탄 음식이 암에 제일 안 좋다고들 한다며 걱정했다.

그래, 맞는 말이다. 하지만 우리가 음식을 새까맣게 태워 먹진 않지 않는가. 안 그래도 몸의 회복이 중요한데 먹고 싶은 음식도 못 먹은 채 입맛에 맞지 않아 식사도 대부분 남기는 모습이 너무 안타까웠다. 내 말은 잘 안 들으시는 것 같아 그렇게 걱정되면 원장님이 회진 돌 때 물어보자고 했다. 원장님의 첫 마디는 "그 맛있는 걸 왜 안 드세요"였다. "갈비든 칼국수든 드시고 싶으면 드세요. 먹고 싶은 것 참는 게 더 스트레스고 더 몸에 안 좋을 겁니다. 너무 기름진 음식이나 술만 피하시면 됩니다."

내가 한 말과 똑같았으나 그녀는 그제서야 원장님에게 고맙다고 인사를 했다. 역시 누구의 입에서 나오는지에 따라 말의 힘이 다르다. 기분이 좋아진 환자는 이번에 퇴원하자마자 갈비를 먹으러 갈 거라면서 신나 있는 눈치였다. 맛있는 음식 잘 챙겨 먹고 꼭 완쾌하기를 바라는 마음으로 헤어졌다.

첫 번째 환우는 주홍 글씨를 가진 사람들 속에서 공감과 위로를 받은 경우고, 두 번째 환우는 나와 같이 이상한 정보를 앞세워 오히려 더 괴로운 상황 속에서 같은 암 환자라고 굳이 서로 소통할 필요가 없음을 느낀 경우다. 결국 암을 먼저 경험한 선배들이라 해서 암에 정통한 사람들은 아니라는 것이다. 그들의 이야기는 아주 개인적인 경험담일 뿐이었다.

이 책의 내용 역시 개인적인 치료의 이야기이기에 모든 사람들에게 적용되는 보편적인 진리가 아님을 여러 번 언급했다. 백이면 백, 개인의 상황마다 치료 부작용부터 효과까지 다를 수 있으니 열린 마음으로 암을 바라보는 시선이 중요할 듯하다.

또한 나와 같은 질병을 앓았으니 서로 공감과 위로를 주고받을 수 있을 것이라는 기대도 해서는 안 된다. 앞서도 이야기했지만 암 환자들의 모습도 세상을 살아가는 다양한 사람들의 모습과 똑같다. 나와 감정적 흐름이 잘 맞고 가치관도 비슷한 사람을 찾기가 그리 쉽지는 않다.

결국 암과 함께하는 사람들의 관계도 인간관계의 큰 틀과 다를 바가 없다. 자연스러운 과정에서 천천히 알게 되고 적당한 거리에서 서로의 영역을 존중하고 배려하면서 지낼 수 있는 이들이 있다면 용기와 위로를 주고받으면 된다. 굳이 맞지도 않는 사람들과 억지로 교류할 필요는 없다는 의미다.

당신에게 들려주고 싶은 이야기 - 책과 함께 ✱

어릴 적부터 책을 좋아했다. 학창 시절에는 만화책과 로맨스 소설을 주로 읽었고, 이후에는 유명하다 싶은 책들은 눈에 띄는 대로 읽었다. 하지만 구체적으로 권수를 목표로 삼아 읽지는 않았기 때문에 다른 사람들과 비교할 만큼 다독가는 아니었다.

무라카미 하루키의 《해변의 카프카》나 할레드 호세이니의 《천 개의 찬란한 태양》처럼 너무 재미있게 읽었던 작품들은 서너 번씩 재독했으니 한 작품을 깊게 읽는 편이다. 좋았던 영화도 십수 번을 반복해 본다. 잘 쓰인 책과 잘 만들어진 영화가 내 취향과 맞아떨어질 때 여러 번 반복해서 보면 신선함과 재미가 떨어지는 것이 아니라, 예전에는 보이지 않았던 자잘한 감동 포인트까지 놓치지 않고 볼 수 있어 만족감이 오히려 더 커진다.

　코로나19가 시작되었을 무렵, 너무 무료한 나머지 시작한 인스타그램에 일상 사진과 함께 요즘 읽는 책을 올리기 시작했다. 책 이야기도 나누고 싶고, 너무 재미있던 책들은 추천도 해주고 싶었지만 주변에는 책을 읽는 사람이 없었기에 일기장처럼 별 뜻 없이 간단한 감상평을 적었다. 그랬더니 팔로우가 조금씩 늘어갔고, 같은 책을 읽은 사람들이 댓글을 달기 시작했다. 처음으로 같은 책을 읽고 나와 비슷한 시선 또는 완전히 새로운 시선에서 해석한 감상을 공유하는 경험이 어찌나 신기하고 신났었는지.

　이후로 매달 1회, 책을 읽고 온라인에서 만나 책 이야기를 나누는 독서 모임에도 참여하며 책을 좋아하는 사람들과의 인연이 시작되었다. 대충 간단하게 적어 올리던 리뷰도 다른 사람들의 멋진 리뷰를 보며 나도 누군가에게 도움이 되고, 나중에 다시 읽었을 때 어떤 감정을 느꼈는지 되새기기 위해 다듬어서 올리기 시작했다.

　그렇게 교류하는 사람들이 점점 늘어났다. 나이도 성별도 지역도 다르고 서로의 삶도 다르지만 가장 큰 공통점인 책을 사랑한다는 이유만으로 아주 편안한 인연들이 시작되었다. 예전에는 신작 중에 제목이나 책 소개만 보고 골랐다가 낭패를 본 적이 많았는데, 책 좋아하는 사람들의 신중하고 날카롭고 솔직한 리뷰를 보며 먼저 선별 작업을 끝내고 내 취향에 맞는 양서들만 골라 읽을 수 있게 되었다.

그러다 보니 읽고 싶은 책들이 너무 많아진 것이 문제였다. 인스타그램을 시작하고 나서는 매년 100~150권의 책을 읽었다. 그렇게 온라인에서 시작된 인연들이 오프라인으로도 이어져 수년째 계속되고 있으니 나와 많은 부분이 닮아 있는 소중한 인연들이 책과 함께 내 삶으로 들어왔다.

좋아서 읽고 재미있어서 읽었지만, 한때는 이렇게 열심히 책을 읽어서 나한테 무엇이 남을까를 진지하게 고민했던 적도 있었다. 하지만 이제는 정확히 왜 읽어야 하는지 이야기할 수 있다.

오랫동안 책을 읽으니 책을 읽지 않았던 친구들이 내게 책을 추천해달라고 하기도 하고, 실제로 책을 읽기 시작하기도 했다. 그런 친구들과 이야기를 나눌 때 늘 받는 질문이 있었는데, 어떻게 그렇게 예전에 읽었던 책 내용과 작가 이름을 다 기억하느냐는 것이었다.

기억 속에 어렴풋이 있던 내용들이 입으로 술술 나오는 경우도 있지만, 솔직히 대부분은 까먹는다. 때로는 당장 지난달에 읽었던 책 내용도 기억이 전혀 안 나기도 하니까.

그렇다면 어차피 다 까먹을 걸 왜 읽느냐고 되물을 수도 있을 것 같다. 세세한 내용은 기억나지 않더라도 그 책을 읽었을 때의 감정, 주제, 책이 주는 교훈 들이 내가 기존에 가지고 있던 가치관과 결합해 새로운 지혜로 업그레이드되어서 머릿속 어딘가에 단단하게 자리 잡았음을 참 많이 느낀다.

한때 나는 세상에 나 같은 사람들만 있는 줄 알았다. 어려서 그랬을 것이고 어리석어서 그랬을 것이다. 어떤 상황을 마주했을 때 전혀 이해할 수 없는 행동을 하는 사람들을 보면서 내가 맞고 상대는 틀렸다고 단언하며 그들을 이상한 사람이라 치부했다.

하지만 나이가 들며 세상에 너무나 다양한 사람이 존재함을 알게 되었고, 특히나 좋아하는 장르인 소설 속 수많은 주인공들의 심연을 들여다보며 그들의 마음을 이해할 수 있었다. 틀린 것이 아니라 다른 것임을 책을 통해 알게 된 셈이다.

이런 깨달음이 오랜 시간 쌓이면서 어떤 상황이나 사건을 마주했을 때 표면적으로 드러나는 앞면뿐만 아니라, 뒷면과 측면까지도 조금은 헤아릴 수 있게 되었다고 표현해야 할까. 삶의 통찰력이 조금씩 높아지고 있음을 느낀다.

　책의 종류도 상관없다. 에세이든, 만화책이든, 웹툰이든, 자기 계발서든, 소설이든 그 속의 언어들이 내 머릿속에 들어와서 재구성되고 내 가치관에 녹아든다. 다 잊어버린 줄 알았던 어느 순간에, 책이 삶의 방향을 결정해주고 좀 더 나은 선택을 하게 해주고 있었다.

　지금과 달리 유난히 소심했던 어릴 적 나는 스스로 내린 결정에 의문이 들 때가 종종 있었다. 이것이 맞을까, 다른 사람들과 달리 나만 이상한 결론을 내린 것은 아닐까, 하며 눈치를 보고 작아지기 일쑤였다.

　하지만 책을 통해 세상 다양한 사람들의 삶을 보고 느끼고 간접적으로 체험하면서 어떤 선택에도 잘못된 선택은 없다는 진리를 깨달았다. 내 삶은 내 것이므로 나와 같은 시간을 보내고 같은 경험을 한 사람 또한 나밖에 없다. 그러므로 내 선택에 누군가가 옳다 그르다 평가할 수도 없음을 알게 되었다.

　결국 책을 통해 다른 이들의 시선에서 벗어나 자유로울 수 있게 되었고, 자존감까지 얻을 수 있었다. 또한 삶의 과정 속에 맞닥뜨리는 수많은 선택들에 당당해질 수 있었고, 때로는 선택이 잘못되었다 하더라도 그 속에서 반면교사의 교훈을 얻었기 때문에 조금은 더 지혜로워질 수 있었다고 생각한다. 책 덕분에 누구에게도 말할 수 없는 고민들의 해답을 찾기도 했고 쓸쓸할 때 조용히 위로받기도 했으며, 용기도 얻을 수 있었다.

내 인스타그램 프로필 문구는 몇 년째 바뀌지 않고 있다.

"책은 가장 조용하고 변함없는 벗이다. 책은 가장 쉽게 다가갈 수 있는 가장 현명한 상담자이자, 가장 인내심 있는 선생님이다." 찰스 W. 엘리엇

암 진단을 받고 세상이 무너지는 경험을 한 이후에, 독서가 또다시 부질없게 느껴진 순간들도 있었다. 하지만 책을 읽으며 일상의 감정들을 놓치지 않을 수 있었고, 책을 통해 만난 인연들에게서 끊임없이 용기와 힘을 얻을 수 있었다. 그리고 희미한 기억 속 어딘가에서 예전에는 크게 와닿지 않았던 여러 명언들이 떠올라, 그것들을 되새기며 마음을 다질 수 있었다.

이 책 속에도 내가 떠올렸던 명언들을 몇 가지 적어놓았는데, 실제로 마음이 흐트러지고 두려울 때마다 주문처럼 큰 힘이 되어주었다. 앞으로도 삶의 어떤 순간에서도 단단한 힘을 북돋아줄 책과 쭉 친하게 지내볼 생각이다.

에필로그   *

아침에 울리는 알람 소리에 일어나 출근을 준비합니다. 아이들은 학교로, 남편과 저는 각자의 직장으로 향합니다. 퇴근하고 집으로 돌아오면 부랴부랴 저녁을 차립니다. 온 가족이 식탁에 둘러앉아 도란도란 얘기를 나누며 저녁을 먹습니다. 식사를 마치면 남편은 설거지를 하고, 저는 빨래를 갭니다. 주말이 되면 가족들과 가까운 바닷가에 가서 하늘과 바람과 바다를 맞이합니다.

요즘 제 일상은 아무런 잡음 없이 평온하게 흘러가고 있습니다.

며칠 전에는 남편과 별것 아닌 일로 말다툼을 했습니다. 속상한 마음에 왜 큰일도 아닌 걸로 언성이 높아졌을까 반추하다가 피식 웃음이 샜습니다.

아, 이제 정말 일상으로 돌아왔구나.

눈만 마주쳐도 눈물이 맺히던 시간들이 있었습니다. 그저 손만 스쳐도 아쉽고 귀해서 더듬거려 다시 손을 찾아 꼭 쥐던 시간들이 있었습니다.

완전 관해 판정 후 3개월.

저는 이제 평범한 일상의 한가운데서 또다시 적응해가고 있습니다. 하지만 예전의 지루함이나 투덜거림은 사라졌습니다. 이 평온한 시간은 한때 그토록 간절히 염원했던 시간이었으니까요. 그저 매 순간이 감사하고 행복할 뿐입니다.

수많은 희비애락으로 가득했던 1년은 제 삶의 절학이 좀 더 단단하게 자리 잡을 수 있었던 시간이었습니다. 기적과도 같은 저의 완치 소식을 들은 많은 사람들이 이제 꽃길만 걷기를, 행복한 시간들만 가득하기를 함께 축복하고 응원해주십니다.

이제 슬픔과 즐거움과 고난의 시간마저도 제게는 꽃길일 것이고, 모든 순간을 감사하고 행복하게 받아들일 수 있을 것 같습니다.

살아 있음이, 살아가는 것 자체가 축복임을 깨달았기 때문입니다.

그리고 저는 저를 믿습니다. 또 다른 시련의 시간들이 다가온다 해도, 또다시 담대하게 희망을 부풀려나갈 것임을요.

추신.

암 진단부터 오늘에 이르기까지 끊임없이 응원해주시고, 염려해주셨던 모든 분들께 진심으로 감사드립니다.

농담 삼아 하나님도 부처님도 이제 제 이름을 기억하시겠다 했었는데, 당신들의 간절한 기도들이 모여 오늘의 기적을 함께 맞이했다 생각합니다.

- 이 책은 저작권법에 따라 보호받는 저작물이므로 무단전재와 복제를 금합니다.
- 도서 내용의 전부 또는 일부를 재사용하려면 반드시 저작권자와 출판사의 서면 동의를 받아야 합니다.
- 책값은 뒤표지에 표시되어 있으며, 잘못된 책은 구입하신 곳에서 바꿔드립니다.

어떤 계절의 농담

초판 1쇄 인쇄	2025년 7월 28일
초판 1쇄 발행	2025년 8월 13일

지은이	박주혜
펴낸이	길은영
책임편집	최안나, 조예원
디자인	quince & paper
펴낸곳	브로북스
등록	2023년 8월 22일(제2023-000099호)
전화	070-8065-7409
팩스	0504-139-7409
전자우편	brobooks.kr@gmail.com
인스타그램	@brobooks.official

ⓒ 박주혜 2025
ISBN 979-11-992548-2-4(03810)

브로북스는 누구보다 책을 책답게 만들고 있습니다.

Boundless Books   읽음에 경계가 없는 책
Reliable Books   서로가 믿을 수 있는 책
Open Books   언제나 펼칠 수 있는 책